卓越教师书系·小学课程与教学丛书

对话者

小学对话教学实践建构

张燕 著

南京师范大学出版社

图书在版编目（CIP）数据

对话者：小学对话教学实践建构 / 张燕著. — 南京：南京师范大学出版社, 2017.11
（卓越教师书系·小学课程与教学丛书）
ISBN 978-7-5651-3317-6

Ⅰ. ①对… Ⅱ. ①张… Ⅲ. ①小学教育—教学研究
Ⅳ. ① G622.0

中国版本图书馆 CIP 数据核字（2017）第 084150 号

书　　名	对话者：小学对话教学实践建构
作　　者	张　燕
策 划 人	张　文
责任编辑	丁　婧　王书贞
装帧设计	观止堂＿未氓　朱　璐
出版发行	南京师范大学出版社
地　　址	江苏省南京市玄武区后宰门西村9号（邮编：210016）
电　　话	（025）83598919（总编办）　83598412（营销部）　83598297（邮购部）
网　　址	http://www.njnup.com
电子信箱	nspzbb@163.com
印　　刷	南京玉河印刷厂
开　　本	787毫米×960毫米　1/16
印　　张	16.75
字　　数	235千
版　　次	2017年11月第1版　2017年11月第1次印刷
书　　号	ISBN 978-7-5651-3317-6
定　　价	42.00元
出 版 人	彭志斌

南京师大版图书若有印装问题请与销售商调换
版权所有　侵犯必究

序一
对话者·学习者·领跑者

清清楚楚地记得，银城小学刚建校时的情景；也清清楚楚地记得，银城小学的银铃之声，清脆、悠扬，传向远方。就是在那个时候，一个教研课题诞生了——银城小学对话教学的实践建构。

整整15年了，一年又一年，持续不断，层层深入，提升、跃迁、超越，对话教学的实践研究从未停止、从未间歇过。在我看来，银城小学的对话教学研究，首先是校长与老师们的对话，是校长、老师与"对话教学"的对话，是实践与理论的对话，而一切对话都是与儿童的对话，是儿童与教师的对话，是儿童与教育教学的对话，是儿童与学校的对话，是儿童自己的对话。于是，银城小学成了一个对话的世界，抑或说，他们用对话诠释了什么是学校，什么是教育，什么是教学；再进一步，还可以说，他们用对话重建了教育过程、教学过程。这样的过程必然带来这样的结果：校长、教师、家长，尤其是儿童，都成了对话者。银城小学所有的人，都拥有了一个新的名字：对话者。这个新的名字，意味着新的身份、新的责任、新的使命。

正是因为这样的变化，我们更深刻理解了"小学对话教学"的意义和价值。

我用"撬动"来描述其意义和价值：儿童撬动了对话教学，对话教学撬动了教学教育改革，教学教育改革撬动了一所学校的优质发展。之所以用"撬动"来描述，是因为对话、对话教学、对话教学实践研究，成了一个支点，而支点是可以撬动地球的。支点，首先是支撑点，但不仅仅是支撑点，还是原点、源点，是生长点。这些隐喻都不难理解，在银城小学已形成了共识，并且大家都在积极行动，这就是文化。银城小学建构了对话文化，是文化上的进步，推动了学校的发展，推动学校迈向更高的境界。

对话者来自"孩子王成长营"。老师被称为"孩子王"，在过去略带一些轻蔑与戏谑的意味，但"孩子王成长营"的孩子王却充满着喜悦、自豪和使命感。银城小学的孩子王们，究竟获得了哪些方面的成长？显然他们把成长方向指向了关系，指向了师生关系的改变。张燕校长有句精辟的话：对话，从关系改变开始。对话，是一种关系，又需要关系的保证，对话教学也可以牵引关系的改变。这样的认知是深刻的，把握是准确的。对话关系的特质是民主、平等，其主要方式是交流、沟通、协商，其核心是合作。这样的关系是用爱心来滋养和创造的。对话者让师生都成了学习者、合作者，不仅让教师成为领跑者，儿童同样可以是领跑者，既领跑小伙伴，也领跑教师，最终领跑自己。

与教学教育的对话，带来的是更广阔、更辽远的对话，那就是与生活的对话——认识生活、热爱生活、创造自己的生活；与民族的历史、文化传统的对话——寻找自己和民族发展的根与魂；与世界的对话——发现一个新的世界，用自己的心去拥抱整个世界；与未来的对话——让未来更美好，在对话中让世界各美其美，美人之美，美美与共，世界大同，建构起人类命运共同体。对话教学可以重建课堂教学，也可以重建自己的生活，去创造光明的未来。

对话教学不只是形而上的"道"，还有形而下的"器"。银城小学围绕对话教学展开的一系列实践活动，研究了对话教学的实施原则、实施途径、方法手段，而且形成了对话教学的基本模式，让教师和学生可以操作运用。不仅如此，还探索了对话教学的"学科变式",即不同学科可以有自己的切入口,形成对话教学的学科特色,因而对话教学有了个性。这样的对话教学可亲可近,可触摸可把握,是落地的,是扎实的。

值得关注的是银城小学的"思辨式学习"。对话是学习的方式,学习在本质上是对话。而对话必须有思维的含量,让思维伴随对话,让思维挑战对话,让对话有深度,即对话的深度应是思维的深度。在银城小学,用对话来包裹思维,思维成了对话的核心,既是核心内容,又是核心动力。对话的过程是思维的过程,思维不仅让对话有了深度,而且让对话站在思想的高度上。在对话的平台上,我们看到了用思想站立起来的儿童和教师。

银城小学的老师们忘不了老校长周荣华的一路关心和引领,周荣华校长就是在与银城小学的对话中,让银城小学拥有了美好的今天。今天,张燕校长又带领她的团队,继续前行,他们始终在对话中寻找感觉、生成力量、创造希望。

于是,对话教学彰显了伟大的心灵和意义。

成尚荣

(作者系国家督学)

序二
对话教学实践探索的可能宽度

银城小学研究探索"对话教学"已经有不少年头了。现在，他们用专著的形式，把研究探索的主要成果呈现给了大家。看完书稿，我有很多感想。

最近十几年，中小学的教育教学改革，在我看来，有一种很普遍的倾向，就是过分崇尚某种方法或者模式的作用。一打算改革课程教学，想到的就是要学会并且统一使用某种方法。我们可以把这种倾向称为"方法崇拜"。有方法崇拜倾向的改革者，通常抱持这样的假设：教学当中存在并且只存在一种最好的方法。要提高教学质量，就是要找到这种方法。追求某种方法，就仿佛在江湖中寻访某种武功秘籍。找到武功秘籍，就是天下第一。这种江湖式的思维在教育教学改革中十分普遍。改革者的动机也许令人敬佩，但是改革策略却令人担忧。

其实，常识就能告诉我们，"方法"本身是不能自行产生效果的。"方法"永远与"运用"结合在一起。方法的运用永远以适当性、灵活性、多样性为基本原则。我们当然不是反对学校去研究方法，我们反对的是对某种单一方法的过分崇拜。以单一方法形成的所谓学校或地方特色，都值得重新推敲。

银城小学没有走这样的路子。以我对他们的了解，最初的时候，他们也有这样的考虑，但是对问题的研究和探索很快让他们感觉到，教育教学改革不是要走向某种单一的专门化，而是要抓住教育中的大问题、普遍问题，在根本上下功夫。这个根本，就是教育如何从灌输、独断、单一的中心走向主体之间的平等和对话。中国教育有师道尊严的传统，有灌输的传统，就是没有平等和对话的传统。从整个世界教育文明的水平看，大体也可以按单一中心和主体平等这样的维度，把不同地域的教育区分为文明的和野蛮的、先进的和落后的、好的和坏的。我在这里用了"野蛮"这个词，可能显得有点刺眼，但是，在我看来，单纯以教师为中心的教育，就是野蛮的教育，它有悖于人类教育文明发展的走向。

大概是因为有这样的考虑，银城小学经过很长时间的比较与斟酌，选择了"对话教学"作为他们推进改革的核心理念。当看到"对话教学"这个词的时候，读者的第一印象很可能认为，他们也未免俗套，走了单一方法的改革路子。实际情况不是这样。仔细阅读本书之后就不难发现，他们对于"对话教学"的理解有一个非常重要的特点，就是把"教学"作为一个广义上的概念。狭义上讲，特别是在中国教育的语境之下，"教学"几乎就是指课堂里的事情。过于窄化的理解，往往会导致我们把"教学"与其他的问题，比如"课程"问题对立起来。从广义上讲，"教学"就是"教育"展开的实际过程。他们坚持这样的理解。基于这种理解，他们认为，"对话教学"的研究和探索，必然是对"教育本质"的深层追问，是对"学校课程"的重新设计，是对"教学方式"的相应选择，是对"教师"生存方式的严格审视，最终也是对"儿童"在学校当中的幸福生活样态的不懈追求。他们的这些考虑也就自然构成了本书的总体结构。

因为他们坚持在广义上理解教学，把教学视为教育展开的实际过程，因此，"对话教学"不再是一种专门方法，而是教育改革的一种实践追求。教育在"对话精神"的观照之下，必然要基于人与人之间、主体与主体之间的"关系思维"，先行解决教育场域中人的关系问题。由此，教育的展开过程就是一种"关系设计"，是一个活动过程。在这个过程当中，核心的问题不是知识的传递与接受，而是学生以及教师完成自身的"建构"。基于这些理解，他们把"对话教学"定义为：学校"在对话精神的观照之下，从关系设计出发，以对话活动为基本形态的、促进双向建构的教学变革实践"。

这个定义很准确，也很重要。它表明，银城小学的改革实践首先采用了一条"上行"的线路。你怎么办教育，取决于你怎么理解教育。多年来的研究、探索和实践，正在改变银城小学老师们的教育观念，影响着学校办学的"精神气质"。对于大多数有变革动机的学校来说，他们提供了一个很好的示范。

但是，单纯的"上行"线路也有一种危险。比如，很多学校据说也有自己的"教育哲学"。大多数情况下，他们只是提出了一句口号而已。在冠冕堂皇的口号之下，我们做的很可能都是野蛮的事情。所以，成功的学校改革需要有两个条件，一个是清晰的教育主张，一个是明确的技术线路。教育主张是"上行"的，而技术线路是"下行"的。

在"下行"问题上，银城小学同样能够给我们带来很好的启发。

很显然，"上行"的教育主张如何落地，有无数种可能线路，就好像我们要去某个地方，一定存在多样化的线路选择。但是，究竟最后采用什么样的线路，这是一个决定过程。这个决定过程取决于你当下所处的位置，取决于你所拥有的资源，反映的则是人们的实践智慧。正因为如此，不同的学校应当在同样的改革目标和理念之下，走出不同的改革线路。

在长时间内部研讨、摸索和积累的基础上，银城小学不仅给出了他们关于"对话教学"的内涵定义，还给出了它的操作定义。这个操作定义就是对"五个支撑点"和"五个课堂因子"的明确选择。五个支撑点就是"基于倾听、充分表达、理解发现、活动贯穿、合作建构"；五个课堂因子就是"话题、互助、交流、方式、评价"。你可以对这五个支撑点和五个课堂因子的梳理提出自己的讨论，提出自己的意见，但是，如前所说，这是他们的一种选择和决定。这种选择和决定是否适当，需要进入他们的实践场域才可做出判断。银城小学没有试图给出"对话教学"一个统一的、确定不变的行动模式,而是给出了一个示范,一个例子。对某种观念,可以抽象讨论;对某种实践方式,需要的更多是理解。

要是把上面这些拉杂的感想综合起来,我想说的是,银城小学的一班人,从"对话精神"出发,以"对话教学"为主题,不仅做了一番周全的考虑,还在实践当中做出了样子,丰富了学校的文化内涵,提升了师生生活和成长的质量。借这本专著的一角,我向他们致敬!

忝为序。

董洪亮

(作者系江苏省教研室副主任)

序三
走进你我的世界

世界由你我组成，对话是你我之间的连接，没有对话就没有真正的你我世界，对话是你我共在性生存的重要方式，其本质是你我的关系重建。关于对话的研究源远流长，无数先贤发表过让人赞叹的真知灼见，这也是教育研究的永恒命题。银城小学多年来执着于对话教学研究，秉持"对话世界，世界对话"的办学理念和实践追求，在多年深入实践的基础上，他们用儿童的心声、教师的话语、灵动的图片编织成了生动而具有理性的符号王国——《对话者：小学对话教学实践建构》一书。在这本书中，我们可以看出他们试图在多个世界中与儿童展开对话，让所有的人都成为对话者，从而建构起丰富多彩的教学生活，让每个学生展开属于童年的对话，通过对话找到更好的充满可能性的自己。

他们在哲学世界中认识儿童。哲学是对人生的系统反思，对"人之为人"进行深入的叩问，从本质上而言哲学就是人学；教育学恰恰是研究如何育人的学问，没有人就没有真正的教育学。哲学与教育学在"人"这一基点上是高度相通的，所以，斯宾塞才说："只有真正的哲学家才能进行真正的教育"，也就意味着教育学必须进行哲学思考，必须对教育进行人学的思索，人学的思索表现在教育中就是把儿童研究当作教育研究与学校发展的第一命题。银城小学始终把儿童作为学校变革的逻辑起点，为了达成对儿童更为全面而深刻的认识，让对话教学扎根于形而上的哲学思考，他们与巴赫金、马丁·布伯、哈贝马斯等哲学大师们进行了多元对话，形成了充满思辨的哲学理解与教育学把握，并转化为源源不断的思想动力，因此让整个研究具有深刻的人学内涵和儿童立场，这对于一所小学而言是难能可贵的，却也是必不可少的发展路径，同时也体现出他们较高的理论素养。尤其值得称赞的是，他们还从自身的视角概括出对话教学的教学要义、教学主张与基本原则，希望以校本化的诠释应对当下教学面临的普适性问题。

他们在教学世界中培养儿童。教育学是一门实践哲学，需要以切实可行的载体和多种方式建构儿童的成长空间，把理想的教育理念转化为学生的素养，使他们的童年生活更加完满，因此，教学担负着发展儿童的重要使命，从而建构出魅力无限的实践样态，尽量满足每一个儿童的生长可能。银城小学把对话作为学校的教学哲学，这实际上也是儿童的学习哲学，更是师生之间相互唤醒、相互促进的成长方式，具有重要的教与学的实践意蕴，以此作为引领教学变革的核心价值线索，可以形成属于儿童的学与教的新的教育生活质态，也能够找到教学变革的关键所在。银城小学进行了"CC课程架构"的整体设计，通过"基础性课程""顺应性课程""活动性课程""国际理解课程"四大板块，为儿童学习提供了广阔的对话时空和平台，并以"形成话题、独立思考、交流讨论、判断生成"为基本框架，探索出五个基于学科特质的对话教学实践变式，积累了大量的令人赞叹的教学经验，努力在各种各样的深度对话中，让儿童的学习真正发生，切实有效提升儿童的对话素养和思辨能力。

他们在专业世界中贴近儿童。"我们必须会变成小孩子，才配做小孩子的先生"，陶行知先生的这句话是对儿童的高度认可，也是对教师童心的深切呼唤，这一呼唤在银城小学得到了积极回应，并成为教师专业发展的核心线索，引领着教师们一路向前。在对对话进行深度思考的基础上,银城小学的教师们充满创意地提出了"共享"关系,没有对话就没有共享,没有共享就不可能对话,共享实际上是对话的实践变式,借此撬动教师专业发展的整体跃迁,并克服了怀特海所说的教育"最大的错误就在于——根据署名发表的作品来衡量一位教师的价值",而是通过童心的拥有来衡量与彰显教师的本质属性,也只有这样才能最终实现教师的存在价值。"母爱童心""孩子王"是银城小学教师身份的重塑,以儿童的在场表征了教师的尊严,更是串起了令人向往的儿童成长之梦。在纯洁的儿童世界中,在生动的教育生活中,教师们自由自在地研究、阅读、思考,支撑起自身专业发展的美妙天空,立体化地呈现出教师作为对话者的群体形象,也正是透过教师的群体形象,我们感觉到了儿童作为对话者的在场,感觉到了他们银铃般的天籁之音。

你我的世界是儿童的世界,你我的世界是对话的世界,你我的世界是哲学世界、教学世界、专业世界对话后浑然一体的儿童世界。对话就是银城小学回归本源、实现不同世界相互融合的海德格尔所谓的含义丰富的"林中路",这条路也许风光旖旎、浪漫如画,也许蜿蜒曲折、布满荆棘,但是,无论如何都值得义无反顾地走下去,因为我确信,银城小学的教师和儿童想要追赶成长的地平线。

阅读这本书本身就是一种对话,我希望成为银城小学所期望的对话者,让我的世界与他们的世界对话,让我的世界与他们的世界相互敞亮,让我们共同拥有可以对话的你我世界。

对话,我看到了银城小学的美好过往;对话,我看到了银城小学的当下耕作;对话,我更看到了银城小学的诗和远方……

张晓东

(作者系江苏省教育科学研究院博士、研究员)

序四
遇见银城,也就遇见了对话!

那是一个暴风雪的冬日,窗外,白雪皑皑;窗内,暖意融融。刚刚挂牌的银城小学就在这个冬天开启了对话,开启了对话教学,转眼,已整整15年了!

15年,5475天,一届又一届的孩子,一批又一批的老师,紧紧地围绕着对话教学,如同围绕着一个刚刚出生的婴儿,哭着、笑着,蹒跚着,咿咿呀呀,终于会站了、会走了。至今,一个个场景都还历历在目。

"博物馆承载着历史文化的厚重,跑男在博物馆里撕名牌[①],是否合适?""一、二年级该不该有家庭作业?""不文明旅游行为大家谈"等等。在《校看天下》辩论赛的现场,孩子们旁征博引,唇枪舌剑中尽显自信、睿智、大胆。

那一刻,思辨、碰撞、悦纳,银铃叮当,银城的声音最美!

绿草如茵,看水说水,琴声歌声,师生情谊,妙不可言。这是语文组的老师借《孔子游春》抒发着对"对话"的理解。周珏老师认为读书声起的时候,

---

[①] 指浙江卫视推出的一档大型户外竞技真人秀节目《奔跑吧》(原名《奔跑吧兄弟》)中的经典游戏。每位游戏参与者后背贴有写上自己名字的"名牌",游戏中想方设法把对方后背上的名牌撕下来的人即为胜利者。

就像一起去散步,手挽着手,肩并着肩,踏上暗香微送的小径。而被孩子们称作"小丫"的刘勤老师则以自己喜欢的"三原色"代表热烈的、清新的、安然的课堂表现……

张燕,一个充满热情而又极富情感的女校长,肩负着管理好一所小学的重大责任。她认为,好的学校、好的教育必须从学生出发。从学生出发,学校才能准确找到办学的价值取向,才会有蓬勃的生长力量。因此,她和她的伙伴们不断地学习、思考,不断地回归、超越,"办家门口的好学校"这一理念已经镌刻在对话的意蕴里。

那一年,三春细雨,嫩竹拔节,银城的对话教学,已形成敦厚温暖的文化。

遇见银城,也就遇见了对话!

一叶一花,编织成美丽的花环;一师一生,汇聚成对话的潺潺溪流。对话教学的目标直指人的核心素养,培养生活的、世界的、未来的对话者;其基本主张"对话,从关系改变开始"改变着课程、课堂,引导着师生的进步!

如果说教学是一个发展的、增值的过程,那么对话的智慧、学生学习的灵感将在"课程链"上传递和生长。"CC课程""对话形态""五力指标"构建了银城小学的学校课程框架。特别是听辨力、思考力、形象力、观察力、表达力等20项评价指标具体、实用,便于操作。

如果说课堂既要"雁过留声",又要"雪落无痕",那么就让对话在两者之间来来往往。课堂的对话不仅仅是那一方池塘,它还要跳出池塘,在自然里自由自在地呼吸。"基于结伴学习的对话教学""基于问题解决的对话教学"等5种变式构成了学习的路径。特别是对话课堂最核心的思辨式学习方式,引导学生学必有思,以思促学;辨必有思,思辨结合;慧源于思辨,思辨中生慧。"画中有话""正例反例"等7种方式让对话有了思维的含量。

如果说教师是关系的主要设计者,那么教师每天都在对话,每天都在和不同的对象用不同的方式对话,"复调的对话"是教师专业成长的必由之路。童心母爱、教研新旅、领跑者、孩子王，"复调的对话"就这样交汇着、共享着。特别是"领跑者"的领跑姿态，跑就是探究，跑就是引领！

聆听儿童的声音，满怀信心地等待儿童，学生校长、模联会、星博客、六年季等活动则是儿童对话的幸福证明。特别是十条"儿童权利"，指明学生可以给老师提建议，可以出错和改错，可以在犯困时休息一会儿，等等，尊重了儿童的生命过程，让儿童成为自己的主人。

遇见银城，也就遇见了对话！

"千磨万击还坚劲，任尔东西南北风"，十五年，教育的话题无穷，教育的改革多变，但始终不变的是银城人追寻"对话"的决心和行动，风风雨雨，从对话到对话教学到对话文化；从教师到家长，最后定格在儿童；从今天到未来，对话世界，世界对话——银城人始终行走在对话研究的路上。

银城每一个人，都是对话者；遇见银城，也就遇见了对话！遇见银城，对话教学将迎来新的学习时代！

周荣华

（作者系拉萨路小学原校长、拉萨路小学教育集团董事长）

目　录

第一章　对话的理论背景 /001
第一节　对话的缺失——对现实和传统的反思　/003
第二节　对话的哲学理解　/009
第三节　对话的实践意义　/019

第二章　对话教学的基本主张 /025
第一节　对话教学的含义　/027
第二节　对话教学的原则　/032
第三节　对话教学的追求　/038
第四节　对话教学的实践线路　/041

第三章　对话教学的课程建构 /047
第一节　对话教学课程框架　/049
第二节　对话教学课程实施原则　/072
第三节　对话教学课程活动设计　/083
第四节　对话教学经典课程范例——"叮当课程"　/094

第四章　对话课堂的学习特色　　　　　　　　　　/ 103

第一节　对话课堂的特征　　　　　　　　　　　　　/ 105

第二节　对话课堂的基本模式　　　　　　　　　　　/ 115

第三节　对话课堂的核心要义——思辨式学习　　　　/ 132

第五章　"复调的对话"——教师的专业成长　　　/ 155

第一节　母爱童心：教师与学生　　　　　　　　　　/ 157

第二节　探究合作：教师与教学研究　　　　　　　　/ 169

第三节　领跑者：教师与教师专业发展　　　　　　　/ 192

第四节　孩子王：青年教师的成长经验　　　　　　　/ 208

附录　银城小学儿童对话剪影　　　　　　　　　　/ 225

后记　　　　　　　　　　　　　　　　　　　　　/ 245

第一章

对话的理论背景

可以说，"对话教学"与其说是一种"教学范式"，毋宁说是一种教育的实践样式，因为我们认为，"教学"，可以宽泛地被理解为"教育"的展开过程。

要想水如鉴，须有活水来。对话，就像一块跷跷板，用哲学理念撬动教育实践，用对话的质量撬动师生生命的质量！

第一节 对话的缺失——对现实和传统的反思

曾听过一个古老的传说：学校源于一个人坐在树下，与另外几个人谈论自己的想法。谈的人不知道自己是老师，听的人也不知道自己是学生，学生们听得出神，不禁惊讶万分，要是这个人能留下来多好啊。于是，他们就在那儿划出一块地方，于是，世界上就诞生了第一所学校，于是就有了学校教育。到底什么是真正的教育？教育的原点、初衷以及最终的目的到底在哪儿？古往今来，很多大师对此都有专门的论述。回到今天的现实中，当下教育中的一些问题不得不引起我们的思考。

一、"人"的缺席

里博尔曾说："倘若要问某人什么是教育，也就等于问他什么是人。"[①] 可见，教育的原点是"人"，教育的眼里应该有一个"完全的人"；没有"人"的教育不能被称之为教育，或者说是对教育的异化。事实上，"人"的缺席在当今教育中是不可否认的事实。在教师的眼里，知识学习的价值是最大的，它是看得见的目标，摸得着的成绩，也是教育部门评价教师的重要尺度。于是，教师

---

① [法] G.米亚拉雷.教育科学导论 [M].思穗，马兰，译.北京：教育科学出版社，1991：30-31.

对外在的知识关注较多。在匆匆忙忙地追求知识效率的过程中，教育中的"人"被遗忘到过程之外，我们看到的只能是"无人"的课堂和"无人"的教育。这种"主知主义"的倾向非常危险，一旦知识成为教育的目的和任务时，无形之中知识就会凌驾于人之上，人为知识服务，知识变成主体，人会随之成为客体。教师变成了传输知识的工具，学生变成接受知识的容器。这时，师生双方都被悄然物化，教育中的"人"自然完全消失。

真正的教育应该把"人"放在教育的中央，"人"的缺席，其深层的含义是对教育本质理解的严重偏颇，是教育本真的丢失；教育的本质可以说是身处教育关系之中的人与人的生活方式，这种方式不能是"只有我、没有他"，而应该是"我和你"。"我和你"是处在平等的对话关系之中的，马丁·布伯把这种关系描述为"相遇"，相遇在一起的，不仅是知识，还应该有思想、精神和人格。相遇的目的，不是为了完成"我—他"之间的知识传递，而是为了更好地实现"我—你"之间心灵的"对话和敞亮"，实现"视界融合"。正如雅斯贝尔斯说：教育是人灵魂的教育，而非理智的知识和认识的堆积。教育的本身就意味一棵树摇动另一棵树，一朵云推动另一朵云，一个灵魂唤醒另一个灵魂。上述"缺人"的教育，正是少了这"摇动、推动和唤醒"的样态，少了丰富的"对话"精神和意蕴。

所以，"人的缺席"究其根源是少了教育中的关系思维，少了"主体间性"关系的哲学判断，少了彼此之间鲜活而生动的"对话"。

二、隐形的"独白"

巴西的保罗·弗莱雷说："没有了对话，就没有了交流，没有了交流，就没有真正的教育。"[①] "对话""交流"之于教育教学的重要性显而易见。而现

---

① ［巴西］弗莱雷. 被压迫者教育学［M］. 顾建新，等译. 上海：华东师范大学出版社，2001：41.

实中，对话交流的良好机制形成了吗？从现象上看，师生之间的对话确实明显增多了，特别是学生表达自己想法的机会显著增加，"满堂讲""满堂灌"的现象确实相对减少。但回归学生的精神主体，回到学生的"学"上，再次审视当前的教育教学，我们依然可以清晰地看到教师"独白"的隐形身影，甚至"独白教学"还占有很大的比重。不信，你细细观察一下：当对话发生的时候，主动权在谁的把握中？话题是由谁选择的？对话的时空是谁创设的？对话的进程是谁掌控的？结果或取向是谁定夺的？你会发现答案都是老师。由老师主导的"对话"，其实是围绕自己预设的目标和答案，通过不断地"点拨"和"启发"，让学生始终在老师策划的轨道上一步步接近目标。其实，这样的"对话"已经变成了牵引，"问题"不是生长意义的酵母，而是扯住学生的线绳。学生是没有自我的，没有选择、没有发现，学生是会说话、会配合附和的"小木偶"。这样的对话交流完全是单向的，其实还是一种"独白"，一种"隐形的独白"。

巴赫金说："在独白的情况下，他人完全是、也只能是意识客体，不能形成另一种意识。独白是完美的，对他人的回答充耳不闻，即使期待别人的回答，也不承认它的关键作用。独白不需要他人，在某种程度上，它将所有的事实都客体化。"[1]可以说，"教师独白"必然会衍生出不正常的课堂权利——教师独断。这种独断也许不是张扬的，甚至是隐匿的，但丝毫不影响它的一个不可忽视的负面功能：遏制学生自由思想的绽放，剥夺学生应该拥有的真正的充分表达自我的权利。

伽达默尔认为，在独白型的世界里，他人的思想要么被同化，要么被否定。"教师独白"带来的是学生的顺从个性和接受意识，形成的是同化的思维方式，批判、怀疑、创造、想象、发散、直觉等许多美好的东西，因为得不到表达、展露和碰撞的机会，而渐渐消失在教育中。而这些，恰恰本应是教育要着力孕

---

[1] ［法］托多罗夫.巴赫金、对话理论及其他［M］.蒋子华，张萍，译.北京：百花文艺出版社，2001：325.

育和培养的重要素养。

同时，长期的"教师独白"也会造成老师和学生关系的紧张，教育教学过程变得没有情趣，教学效益必然会降低。

三、孱弱的"建构"

建构，意味着生长，生长自然是自己内在的事情，别人无法替代。因此，建构学习是真正彰显学生主体精神、凸显"学"的学习，在本真意义上，是真正有效的学习。

建构主义认为：知识不是通过教师传授得到的，而是学习者在一定的情境（即社会文化背景下），借助其他人（包括教师和学习伙伴）的帮助，利用必要的学习资料，通过意义建构的方式而获得的。建构学习把"情境""协作""会话"和"意义建构"当作学习环境中的四大要素或四大属性。

我国不同于西方国家，没有"建构学习"的文化传统，没有形成系统的理论体系和实践范式。在新一轮基础教育课程改革（以下简称"新课改"）之后，建构学习才走进我们的课堂实践。由于实践时间较短，现实中出现在我们面前的"建构"，显得有些苍白和孱弱，没有得其要领。老师也在创设"情境"，但是设计情境的目的是为了埋伏问题，是为了解决问题，还没有把情境创设本身当作学习过程中意义建构的一部分。其次，真正的"协作"应该发生在学习过程的始终，而我们常常看到的小组合作、小组讨论只是一个应景的片段。最为重要的是，"会话"应该是学习中"理性商谈"的过程，这一过程的核心是要有"意义流动"和"意义生长"。现实中，我们能看到很多交流活动：同桌交流、小组交流、全班交流，但是，其中缺少意义生成和意义生长的灵魂。对话的形式大于内容，浅层问答大于深度对话。戴维·伯姆认为，对话的本意是"意义的流动"。意义只有流动起来，在群体中才能碰撞，进而生长新的理解和认识，形成某种共享的意义。最后，正是通过"意义建构"，我们才能把对话而来的"共享意义"结构化到自己的认知图式之中。

实际上,"建构"是离不开"对话"的,没有意义的对话,就没有意义的建构。可以这样说,知识获得的本质是"建构",方式是"对话"。甚至可以说,教学过程是"建构",师生成长的过程也是"建构",教学过程是一种"双向建构"的过程。

四、难却的传统

"文化到处在制约着我们的生活,不管你是否意识到。"[①] 教育是文化传统的产物,它必然不能逃离文化传统的光影,是紧紧地与文化传统交织在一起的。

我们的传统文化对教育产生了许多积极的影响,比如孔子"有教无类"的思想、"不愤不启"的理念等至今仍闪烁光芒。但我们也要看到传统文化对教育的一些负面影响:传统文化以儒家文化为至尊,强调仁义道德,"明德""传道"是其教育的根本目的和任务。在这一目的中,教化性、统一性是明显的。这样的价值取向,必然导致对"人"的漠视,"人只能在追求统一和整体思维方式以及遵循不能存疑的规范体系的'同'中才能被认可。"[②] 很显然,人的"自我意义""个性意义"是被严重遮蔽的。

我国传统文化强调"天地君亲师",强调要有师道尊严,所谓"一日为师,终身为父",这样的价值认同在历史上延续很久,直至根深蒂固。于是,教师成为知识的化身、伦理的权威。教师有绝对的威严和至高的话语权。这样的权力在悠久的文化传承过程中,其强大的张力始终存在。直至今天,它仍然在教育者的潜意识中不断地跳出来,主宰课堂关系,自然也会造成强制、独断课堂的现象。

---

① [日]筑波大学教育学研究会.现代教育学基础[M].上海:上海教育出版社,1986:90.
② 王健.对话教学何以难为——关于对话教学实践阻力的研究[J].当代教育科学,2006(11):23.

具体到教学层面，韩愈说：师者，传道、授业、解惑也。多年来，"传授"一直是教学的基本样式和教学的主要方法。"传授"是基于教师的，方向单一，缺少彼此的对话与互动；"传授"是基于"教"的，缺少在"学"的视角上对学习过程与方法的设计。从建构的层面看，"传授"显然不是真正意义上的建构学习。

可以说，当今教育上的不足，有些是与传统文化的影响息息相关的。因此，我们在新的时代背景下，要学会辩证地看待中国文化传统，汲取其中有益的因子，同时，要不断地学习、更新观念，学会合理扬弃，消解那些偏离教育本真的因素。

第二节 对话的哲学理解

"对话"的思想源远流长。早在古希腊,苏格拉底通过不断深入的问答法,即"精神助产术"引出真理,亚里士多德的《雅典宪政》和柏拉图的《伊昂篇》也都是以对话体行文的。在现代社会,"对话"已经超越语言学的范畴,成为人之生存方式,成为对一种关系的理解,成为一种精神的表达,渗入到社会生活的各个方面、各个层面。政治上需要对话理念,商业上需要对话协商,教育中需要对话精神和对话方法,对话无处不在。人只要存在,总是需要与他人、社会、自然,甚至自己的内心对话的。对话是人的存在方式和交往形式,是人与他人世界、自我世界的一种真心对白。

本节将对西方对"对话"的各种哲学理解做一个梳理,并基于这样的梳理与解读,进一步阐述我们对"对话"在哲学层面上的一些思考。

一、戴维·伯姆的对话哲学

戴维·伯姆是 20 世纪伟大的思想家、哲学家和物理学家。他的《对话论》可以说是源于物理世界的人文构思。他通过广泛的自身实践,提出一种在西方广为推崇的对话理论,即著名的"伯姆对话"。

戴维·伯姆首先从词源学角度考察对话。对话的希腊文是"dialogos","dia"

是"通过"和"穿越"的意思,"logos"是"词"的意思,"dialogos"就是"意义的流动"的意思。"对话"是人与人之间的心灵沟通,"意义的溪流"在其间流淌。这意义之水既时刻通过个体,又时刻在群体之间形成循环流动的状态。其间,每一个个体又自然懂得追问和追寻意义,用赫舍本的话说:"探索有意义的存在是实存的核心"。追问和追寻的过程中会有一次次碰撞,不断遭遇新的困惑和问题,从而不断萌生出新的理解、新的认识,进而形成某种"共享意义"。意义共生的过程是自然的,所以,"对话"应该没有控制性,杜绝固定思维的束缚和介入,对话者要学会求同存异,搁置己见。对话群体是一个和谐的、共同体的状态,每一个对话个体又是处在融入其中、积极分享的状态。实际上,戴维·伯姆反对"碎片化",表现在人际关系上就是反对人与人之间的精神隔绝。

戴维·伯姆接着又在其实践的基础上,提出对话的具体方法和组织方式等。他设想的对话团体人数一般在30人以内,但他又认为,一个小的群体就是一个社会的缩影。"意义之分享"对于群体和社会来说,都能起到黏合剂的作用。一个学会了在小群体中和他人对话的人,也会把这种智慧用于处理群体外的各种关系。社会因为"对话"也会变得和谐,变得学会合作,变得懂得分享。戴维·伯姆看到了"对话"对于改造自我、改造人性和改造社会的重要意义。

二、巴赫金的对话哲学

巴赫金认为,人类最基本的相互关系是一种对话关系。个体总是以他人的存在为前提,自我只有在与他人的关系中才能显现出来,"我"存在于"他人"之中,并能通过他人来意识到自己。人与他者之间的这种交往关系,又是通过言语交往实现的,言语交往结成的就是一种对话关系。所以,人是一种对话的存在,对话是人的存在方式。

在巴赫金看来,语言的本质也是对话。生存是充满对话的,所以,对话是生存最基本的条件。他说:"一切都是手段,对话才是目的。单一的声音什么也结束不了，什么也解决不了。两个声音才是生命的最低条件，生存的最低条件。"①

巴赫金对陀思妥耶夫斯基的小说进行分析，提出"复调"的理论，这是他对话思想的一个独到之处。巴赫金在关于陀思妥耶夫斯基小说的论述中指出：第一，主人公不只是作者描写的客体或对象，他并非是作者思想观念的直接表现者，而是表现自我意识的主体。第二，小说中并不存在着一个至高无上的作者的统一意识，小说不是按照这种统一意识展开故事情节、描述人物命运、刻画形象性格的，而是展现有相同价值的、不同意识的世界。第三，小说由互不相容的各种独立意识、各具完整价值的多重声音组成，也就是"把不同的声音结合在一起，但不是汇成一个声音，而是一种众生的合唱，每个声音的个性，每个人的真正个性，在这里都得到很好的保留"。②巴赫金以复调为喻，生动地阐释了对话的平等性、内在的自由独立性，以及对话的未完成性等特点。

巴赫金对话理论中还有一个关键术语叫作"狂欢化"，"狂欢化"取意于狂欢节。在狂欢节广场上，人们自由接触，不分等级、不分老小，大家一切平等。人仿佛为了新型的、纯粹的人类关系而再生。狂欢节上的一切仪式和形象都不是绝对的肯定或否定，而是提倡自由平等的对话精神。巴赫金指出，狂欢节是一种功用，而不是一种实体。它不把任何东西看成是绝对的，却主张一切都具有令人发笑的相对性，强调一种未完成的变异精神。

其实，"狂欢化"的深层意蕴在于，对话者之间是平等、尊重的关系，没有等级隔阂，人与人通过平等、自由的交往和自主参与生命体验而找到自己的生命真实，找到自己自由的精神所在。

---

① 钱中文.巴赫金全集（第四卷）[M].白春仁，晓河，周启超，等译.石家庄：河北教育出版社，1998.
② [俄]巴赫金.陀思妥耶夫斯基诗学问题：复调小说理论[M].白春仁，顾亚铃，译.北京：生活·读书·新知三联书店，1988.

三、马丁·布伯的对话哲学

马丁·布伯是现代德国伟大的哲学家,他的诗性哲学《我和你》堪称经典,是20世纪最具影响力的著作之一。

"关系"是马丁·布伯哲学的本体,他从关系本体论出发解释对话。马丁·布伯认为,关系先于实体,实体在关系中而出。他在《我和你》中,开篇就说:"人执持双重态度,因之世界于他呈现为双重世界。"人同世界发生关系的方式有两种,即"我—它"的关系和"我—你"的关系。在"我—它"的关系中,"它"是"我"的客体,"它"是"我"认识和利用的对象,"我—它"的关系其实是经验、利用的关系,这种对立的关系中,"我"难寻自身的意义。"我—你"关系则不一样,它是真正的对话关系,对话双方都全身心地投入其中,互相视对方为目的,是本真的"我"与本真的"你"的一次邀约。这种关系是彼此精神上的相遇关系。这种关系也应该是人们持有的最基本的关系。用马丁·布伯的话说:唯有"对话"才能与"你"相遇,走进"你"的世界。

马丁·布伯的对话哲学具有三个特点:第一,直接性。"我"与"你"的关系不需要中间媒介,直接无间,一切中介皆为阻抗因素,都会使关系本身丧失实在性。第二,交互性。"我"与"你"的关系是交互的关系,是彼此的手牵手,你作用于我,我作用于你,是彼此意义的传递,是彼此精神的交汇。交互性是"关系"的重要体现。第三,相遇关系。马丁·布伯把"我—你"的关系解释为精神相遇。"我"与"你"心连着心,一同走到与"你"与"我"的"之间"地带,敞开心灵,敞开对话。

四、哈贝马斯的对话哲学

哈贝马斯是德国最负盛名的哲学家、思想家。他批判科技发展带来的"工具理性",从人与人之间,即"主体间"双向互动的关系中寻找理性的根据,提出"交往理性"的主张。"交往理性"使理性摆脱了纯思辨的实质，而具体地存在于人的认识、言说和行为之中。

哈贝马斯认为，人的行为分为工具行为和交往行为。"交往行为"就是各主体之间，通过交谈、言说等最基本的交往形式，通过对话达成相互之间的一种理解。"交往理性"就是基于"主体间性"的彼此对话、理解的交往方式，简言之，即交往行为的合理化。他提出了交往理性的三条途径：其一，是选择恰当的语言对话。因为，交往必须是以语言为媒介的，是基于语言而建立起来的主体间的理解和认同。其二，遵守共同的、普遍的规范标准。他提出了"实践商谈"的概念，共同协商，制定规则和标准。在此，他也将"主体间性"提高到中心位置，"实践商谈"是超越主体，发生在主体之间的。其三，是追求理解的一致和融合。理性交往的目的是在相互承认的基础上达成融合和理解。

其实，哈贝马斯提出的"理性交往"有两个特点也是明显的，一是主体间性。在哈贝马斯看来，主体间性就是主体之间平等的、合理的交互关系和相互作用。他说："纯粹的主体间性是由我和你，我和他之间的对称关系决定的。对话角色的无限可换性，要求这些角色操练时，任何一方都不能拥有特权，只有在言说和辩论、开启和遮蔽的分布中呈现一种完全对称时，纯粹的主体间性才会存在。"[1] 主体间性是交往主体的关系确立。二是对话性。哈贝马斯认为，交往行为的实质就是对话行为，是以语言相连接的主体之间的对话关系。交往合理化，表现为主体之间没有任何强制性的真诚的交往、对话，在相互理解的基础上达成思想的融汇、趋同。

哈贝马斯还以"辩论对话"为例，探索了对话的环节和结构。他认为，对话过程可以有三个环节：说话者的表达要求和听者的理解；听者接受或拒绝说话者的要求，双方理性对话，形成一致的理解；根据一致的理解来重新对自己

---

[1] 周宪. 20世纪西方美学 [M]. 南京：南京大学出版，1992：352.

之前的观点修正调整。哈贝马斯揭示出一个有特色的对话结构：一个免于特殊方式的压制和免于不平等的理想对话情景结构；一个竞争更好的论证的规则结构；一个确定个人论证及其关系之意义的结构。

五、伽达默尔的对话哲学

伽达默尔是现代德国伟大的哲学家之一。在伽达默尔的哲学解释学中，"理解"和"视域融合"是十分重要的对话概念。

伽达默尔说："理解的能力是人的一项基本限定，有了它，人才能和他人一起生活，这种限定首先在言语和对话的共同性中得以实现。"[①]理解以语言的方式存在，而真正的语言就是对话，人在相互对话中产生理解。理解的过程是对话的过程，只有基于对话的理解才是真正的理解。"理解不是主体对客体的单方面投射，而是一种广泛意义上的对话。对话最大可能地扩展了自我与世界的整体关系。"[②]因此，理解可以看作是一个过程、关系，对话和理解是人的存在方式。

伽达默尔说："所谓视域，就是指看视的区域，这个区域囊括和包容了从某个立足点出发所能看到的一切。"[③]由于每个人的"前结构"不同，他们初始的视域就不一样，为了形成共同的理解，这就需要对话，通过对话走向视域融合。理解不是单向的，而是双向交互的，其中包含着不断的生长。你的视域走进我的视域，我的视域来到你的视域，相互体验，促成一种理解状态，这就是视域融合。伽达默尔还认为，人的头脑中会存在偏见，解决偏见的有效方法就是对话，通过对话，原来的视域得以改变，形成一些新的认识。这告诉我们，视域融合是视界在动态中不断扩大、生成和丰富的过程：从"我"的视域中看"你"

---

① ［德］哈贝马斯.交往行为理论［M］.洪佩郁，蔺青，译.重庆：重庆出版社，1994.
② 冯茁.教育场域中的对话：基于教师视角的哲学解释学研究［M］.北京：教育科学出版社，2010：37.
③ ［德］伽达默尔.真理与方法［M］.洪汉鼎，译.上海：上海译文出版社，2004：391.

的视域，在"你我"之外看新的视域，在批判中"我"的视域得以悄然改变，得以扩充。

上述哲学大师们从哲学层面，对"对话"进行了阐释。戴维·伯姆的"意义流动"，马丁·布伯的关系本体论，伽达默尔的"理解"和"视域融合"等都对我们有很大的启示。在实践层面，我们做出了以下三点解读。

第一，"对话"是一种关系，要确立"主体间性"。在教育场域中，"对话"直接面对的是人与人之间的关系，包括师生、生生之间的关系。我们不妨对这种关系先做一个回归，于是就自然地回归到了人之"存在"；既然是人之存在关系，"我"与"你"是绝对平等的，大家都是主体，彼此之间不是工具性的利用，而是相互依存的，正如费尔巴哈所说"没有你的地方也就没有我"。巴赫金也说："我离不开他人，离开他人，我不能成为我。我应该在自己身上找到他人，在他人身上发现自己。"① 这里的"存在"说到底，就是"主体间"的存在。

同时，"对话"是一种交往关系，一切教育活动都是在师生交往中实现的。没有主体与主体之间的交流、分享，意义便无法传递和生成。"交往"是具有"交互性"的，交往的主体当然不可能是单个的，而是多个主体平等地"共在"，是多个主体之间的交流和对话。

因此，"对话"的核心蕴藉是消弭"中心意识"，去除"主客体二分"的思维，把人与人之间的关系回归至"存在关系""交往关系"。强调主体之间的平等性和共在性，强调"我—你"的关系是平等的、精神上的相遇。这种关系映射到教育教学中，就是这样的一种情景："我"和"你"，"我们"和"你们"，一起心手相牵，在愉悦的精神交汇中，一同走进彼此，拥有彼此，就像一根枝

---

① ［俄］巴赫金.关于陀思妥耶夫斯基一书的修订[M].白春仁，顾亚玲，译//钱中文.巴赫金全集（第五卷）：诗学与访谈.石家庄：河北教育出版社，1998:396.

条上的两片叶子,彼此不一样,却相互衬托,共同摇曳在两者之间阳光闪耀的缝隙里。所以,从根本上说,"对话"反映的是人与人之间的关系,即"主体间性"的关系。

第二,"对话"是一种理解,要走向"理性商谈"。在教育场域中,我们的"对话"必然要遭遇"他者"。其实,我们每个人都是作为他人的"他者"的身份出现在"对话"中的,无论"他者"是默默无闻的文本、文本背后的作者,还是正在与"我"面对面的"你"。"他者"就意味与"我"有不同之处,或许是世界观,或许是价值观、知识背景、学习能力、以及元认知等等。遭遇"他者",使我们不得不面对一个问题:怎样走向互相理解?否则,"对话"将无法顺利而有意义地进行下去。

伽达默尔关于"理解"的理论,给予我们很多启示。我们认为,"对话"的一个重要目标和任务就是"走向理解"。"走向理解"首先需要建立"理解关系",然后才能走向"意义理解"和"视域融合"。"理解"在对话交流中进行,并在对话中逐渐调和视域,形成彼此关系上的融洽,取得交流意义上的融合。

在建立"理解关系"上,我们认为,要祛除"工具理性"带给师生关系的异化现象,祛除一切权威或者隐形权威的存在。师生就像两把一样高的椅子,可以平等地坐下来"对话"。谁都没有对话的特权,对话的角色其实是存在内在转换性的,并且这种转换性随时都可能发生。因此,参与对话的人人都是主角,人人也都不是主角。对话者需要在理想的"商谈环境"中展开有效对话。"理想的话语环境所强调的就是一种脱离了经验、不受行为制约的交往方式,其目的就是保证只有话语潜在的有效性要求才可成为讨论的对象,摒弃了除了更有说服力的论证和真理寻求外的其他任何动机。"[①] 这就是我们主张的"理性商谈"

---

① 章国锋.关于一个公正世界的乌托邦构想:解读哈贝马斯交往行为理论[M].济南:山东人民出版社,2001:153.

关系。说得简要一点，就是基于理解的、平等的、理性的交流对话。

第三，"对话"是一种方式，要促进意义建构。教育的目的是什么？你可能有很多不同视角的解释。但可以肯定的是，教育的目的绝对不是塑造和格式化，而是一种开放的生长状态。教育的追求是在生长中建构，建构师生的知识结构，建构师生的精神内涵，建构师生的人格以及生命意义。因此，从教育的目的看，其本身就有建构的意蕴。

教育的建构意蕴，源于教育是一种意义生成的活动。"对话"无疑是意义生成活动的主角。"对话"作为一种交往方式，它的过程是开放的、生长的。"对话"可以说是一种促进意义生长、意义建构的重要的学习方式。在对话中，人与人是敞开心扉的，是朝着共同的意义建构目标前进的。彼此的理解、各自的原始意义在对话交流中得以流畅地传递，即"意义之水"在流动。流动之水在碰到各自不同理解的意义时，必然会激起涟漪，产生一个反思、碰撞的过程。这个过程可能是隐形的自己与内心的对话反省，更多的是通过询问、追问、协商、交谈等对话的方式，将"意义之水"激荡起来。激荡的过程里不断有新的理解萌生，有新的意义需要解释、辨别和澄清，就这样，渐渐深入的对话，带来的是丰富意义的不断生成、生长；而这些丰富的意义又在大家反思、趋同、理解、悦纳中逐渐形成一种"共识"，即产生"共享的意义"，这样的共享意义，是基于各自的前理解的，但又是各自原有意义的增值。也就是说，在对话的过程中，相互影响，彼此造就，"你"丰富了"我"，"我"丰富了"你"，"你我"都扩大、提升了意义的建构。

也可以这样说："对话本身具有自我生长的内在机制，它指向更深邃、更新颖、更富启发性的对话。"[①] 真正的对话是具有建构意义、生成意义的。

最后，"对话"是一种过程，要形成合作分享。"对话"是一个群体相遇事件，

---

① 夏正江.对话人生与教育[J].华东师范大学报，1997(11).

是一个多元主体共在的交流活动。交流活动的展开必然是一个过程。哈贝马斯认为，这一过程是一个"理性交往"的过程；伽达默尔认为，它是一个"理解"和"视域融合"的过程；马丁·布伯认为，它是"精神交互"的过程；戴维·伯姆认为，它是"意义流动"的过程。

在"对话"的过程中，不同主体之间时刻处在一种生动的状态之中，戴维·伯姆称此为"参与其中又分享彼此的状态"。"参与其中"不是身体的参加，而是精神的参与。我们认为，真正的参与、深度的参与又常常表现为"合作"的形式——同桌的合作、小组的合作、全班的合作、师生的合作等等。"合作"让"参与"显性化、组织化，"合作"让"参与"变得积极生动起来。"分享彼此"是对话的重要的价值所在。特别是在"意义建构"的学习层面上，通过大家的分享，可以让不同主体的意义得以传递、彼此交叠、逐渐澄明、实现共享，最终达成意义的深化和拓展。

第三节　对话的实践意义

教学过程是一个充满对话的过程，是一个因不断对话而逐渐走向丰富的过程，缺少对话的教学，我们不敢想象会是什么样子。克林伯格说得深刻："在所有的教学中，都进行着最广泛的对话，不管是哪一种教学方式占支配地位，相互作用的对话都是优秀教学的一种本质性的标志。教学原本就是形形色色的对话，具有对话的性质，这就是'对话教学原理'。"[①]教与学原本就是双边存在，没有对话，"双边"就会变成"双极"，只有以对话作为连接，教与学才能结成一体。从意义形成的层面看，教学过程其实是"意义生长"的过程，没有对话，"意义流动"将会停滞，师生、生生之间彼此无法相互激活、点燃，意义生长也就无从谈起。所以，对话对于教学而言，既是核心关系，又是重要方式，教学离不开对话，二者存在着高度依存的关系，教学亦即是对话。

银城小学校历经15年的对话实践，形成了个性的、校本的对话理解：

---

① ［德］克林伯格. 社会主义学校（学派）的教学指导性与主动性［M］. 柏林：德国科学出版社，1962：33.

图1-1 "即使我是一只蜗牛"

图1-2 "即使我是一只刺猬"

图 1-3 "我们就像小树相连"

图 1-4 我眼中的"对话"

图 1-5 我心里的"对话"

一幅图，一段话，一种思想，对话就在其中慢慢铺展，渐渐地，我们形成了银城小学的理论认识：

重建课堂中的多种关系。其一，重建师生关系，教师和学生结成真正的学习旅伴，结成意义学习的共同体，在我们的对话教学中要彰显儿童的课堂权利、学习权利；其二，重建教和学的关系，变侧重"教"为侧重"学"，凸显"让学"的理念，变教案为学案，变学案为对话案、对话式的学程方案。

思辨是对话的一种形态。对话的过程其实是思维的过程。因此，对话课堂中对话和思维始终是结伴而行的。对话课堂追求深度思维，我们要让学生学会质疑"为什么"，学会追问"还会怎样"，学会表达"我的想法是什么"，总之，要让思辨成为对话课堂的常态。

在对话中走向深度学习。意义生成、深度学习是我们对话教学的目标追求，通过对话让学习真实而生动地发生。用科学精神和人文情怀共同设计对话，话题要是科学的，有内在的逻辑生长性，便于深入讨论；话题又要是鲜活的，让学生被吸引；话题更要是艺术的，不必太拘谨和细腻，要时刻留有缝隙，"有缝隙，阳光才能照进来"。

创设与选择对话时空。课堂上对话时间和空间的创设，要与学生一起完成，让学生选择他们喜欢的时空和学习形式，真正提高学习情趣，提高学习效果。同时，一些前置性的课前学习，完全可以托管，把创设与选择的权利全部交给学生，不要在学习单上有过细的要求。

对话教学促进人格成长。对话教学的场域在课堂，但此时课堂其实已经有了一些社会属性。对话必将提升学生的言语素养，提高学生的沟通能力、交际能力、合作意识和交往情商，对学生人格成长和社会化的作用是积极而深远的。

第二章

对话教学的基本主张

建构教育情境中新型的师生关系，在根本上改变教育者对于受教育的"传授—接受"关系，促进教育从"独断""训诫"走向"平等""对话"。

从改变关系开始，和孩子对话，不要"没心没肺"地撞倒孩子；和课堂对话，让学习充满生长的气息；和研究对话，相互唤醒，赢取遍地葱郁！

第一节 对话教学的含义

什么是"对话教学"?其实,给"对话教学"下定义并不容易。

由于对"对话"的理解不同,大家对"对话教学"的诠释也莫衷一是。其中两种解读最有代表性。有人认为,对话是一种教学方式和方法,"以对话为主要教学方式和手段的教学"就是对话教学;有人认为,对话是一种教学意识和理念,"以彰显对话精神为原则的教学"就是对话教学。这两种理解确实都有道理,但本质是截然不同的,前者的实质是对话方式在教学中的运用,后者的实质是体现现代平等对话精神的教学。在这两种理解中,我们更倾向于第二种理解,即"以彰显对话精神为原则的教学是对话教学",这种理解更具有统摄性。确立了"以对话精神为原则"这一教学灵魂,在对话精神的观照下,对话教学既可以是以对话的方式进行的,也可以是其他的方式,只要这种方式能够体现出对话精神。

但同时,我们也在思考:如果对话教学仅仅强调"以对话精神为原则",强调民主尊重的课堂生态,而对话教学的实体"教与学"的行为没有实质性改变的话,那么,对话教学是不是会变得虚化,只是缥缈的"仰望星空",而不能真真实实地"脚踏实地",不够深刻了呢?于是,我们认为,对话的方式应该伴随教与学的行为突显出来。但是,以什么形式予以突显呢?无疑,对话活动是突显对话方式的不二选择。

如此看来，我们对"对话教学"的理解同时聚焦了两个要素，一是"对话精神观照"，二是"以对话活动为基本形态"。但这时，我们又觉得，对话教学仅仅关注这两个要素还是不够的，还是没有能完整地阐释我们对"对话"的哲学理解。于是，基于我们对"对话"的哲学思考，例如对话是一种主体间的关系，对话是一种理解，对话是一种意义建构，对话是一种分享过程，等等，我们又着重强调其中的"关系设计"和"双向建构"两个要素。自此，我们在对上述四个要素的把握上，提炼出"对话教学"的基本概念，即对话教学是在对话精神观照之下，从关系设计出发，以对话活动为基本形态的、促进双向建构的教学变革的实践。

在这一概念中，对话教学的内核是"对话精神观照"；它的表征是"对话活动的形态"；对话教学的根本变革是"从关系设计出发"；对话教学的深层意蕴是"促进双向建构"。

显然，这一理解是校本化的，是在银城小学比较丰富的对话教学实践的基础上提出的；但同时，这一理解也不失理论蕴藉，它又是基于对话、对话教学的理论研究后，与实践智慧交汇的理性概括。

具体来看，"对话教学"具有四个要义：

一、对话精神观照

"对话精神观照"是以形成平等、尊重、宽容的课堂氛围为前提的。其实质是，教师与学生、学生与学生各主体之间没有绝对的控制和被控制，没有绝对的话语霸权，大家一起协作，旨在达成彼此沟通与相互理解的一种教学形态。正如滕守尧先生所说，"它是一种民主的意识，是一种致力于相互理解、相互合作、相互共生和共存，致力于和睦相处和共同创造的精神的意识。"①

"对话精神观照"还有开放、融通的意义。教学设计必须要是开放的，不拘泥于僵化的教案；学习的过程必须要是开放的，不牵引思维、不赶节奏，一切为了学的自然生长而做出适时、适当的调整；教学的时空必须要是开放的，可以思接千载，可以穿越古今，可以把教室设置到图书馆、科技馆、博物馆等社会大课堂，让教室多一点"学堂"的感觉。

"对话精神观照"还指教学应该表现出极大的丰富性与多样性。首先，在知识学习上，彼此要向对方敞开心灵，让课堂成为一个思想的集散地，一个河流的交织处。更重要的是，除了知识领域外，在对话精神的观照下，要能更好地关注师生素养的提升、情感的激活、潜能的诱发和生命的助长。

二、从关系设计出发

教学过程是交往、沟通的过程，教学的本质可以说是"关系的存在"。我们认为，教学过程中的主要关系是教师与学生的主体关系，明晰这一主体关系非常重要。哈贝马斯说，"只有主体之间的关系才能算得上相互关系，因为主体间的关系是互动的、双向的，而主体和客体之间的关系则是被动的、是单向的，因此不能称为相互关系。"②

我们强调的"关系"，主要是指教师与学生之间的主体关系。什么样的关系决定什么样的行为。对话教学中的教师与学生是什么关系呢？肯定地说，是对话关系。我们要打破"对象思维"的定势，消解教师的权威，真正建立起师生之间的主体间的关系、学习伙伴的关系、学习共同体的关系。

"从关系设计出发"是指对话教学要基于上述师生主体间的关系，进行教

---

① 滕守尧.文化的边缘[M].北京：北京作家出版社，1997：177.

② 余灵灵.哈贝马斯传[M].石家庄：河北人民出版社，1998：86.

与学的方案设计、过程设计，一切备课、上课、合作、活动、练习的设计都要围绕"对话关系"来设计和展开，彰显对话教学与其他教学的根本不同。

"从关系设计出发"还有另一层意思，是指我们要拥有"关系思维"，要看到并处理好教学中其他各种关系：学生与学生的关系，师生和文本的关系，师生和环境的关系，静态资源与动态资源的关系，预设与生成的关系，合作和自学的关系……总之，我们要立足关系，共享资源；立足关系，多元对话；立足关系，走向理解；立足关系，形成"复调的对话"的课堂教学场景。

三、对话活动形态

"对话活动形态"其实是对话教学的课堂表征，就是指要以形式多样的对话活动贯穿课堂的始终。通过对话活动把对话精神的理念转换成显性的对话方式；通过活动，把课堂学习变得灵动起来，使课堂有趣味、有意义，把课堂引向丰富和深入。

我们所说的"对话活动"不同于一般的活动，是有其自身特质的，指以言语为媒介的对话和能触发意义生长的活动。简单的一问一答抛接式对话活动不具有这样的属性。对话活动通常是以一个主要话题为线索来设计对话活动大的框架，在大框架下设有小的活动群组。每个小活动，都有小话题引领，诸多小话题之间具有一定的结构性，与大话题一脉相承。同时，话题又是有质量的，具有挑战性和生长性。最重要的，对话活动在形式上是不拘一格的：轰轰烈烈的全班辩论，面红耳赤的小组碰撞，一个思维游戏，一次智慧闯关，一次创客之旅，一次思辨播客……同时，对话活动的设计主体既有老师，也有学生。让学生参与到对话课堂的活动设计中，有很多好处：活动的形式更为学生所乐见，活动的内容更贴近学生；活动设计本身能够锻炼学生，其实质是学生之间、师生之间的对话过程。

四、促进双向建构

首先，对话的过程是一个建构的过程。对话教学不同于其他教学，对话就意味着其教学属性是生长性的、创造性的，不是传输式的、复制式的，也就是说，对话教学是在不断进行新的意义建构。因此，在对话教学中，我们要尊重学生主体的多元性，尊重差异和个性，让对话的过程中多些协商，多些理解，摒弃劝导和说服的思维，让对话的过程变成意义生长建构的过程。

其次，这种建构不是单向度的，而是一种双向建构。对话教学倡导的师生关系是"你中有我"和"我中有你"的关系。对话教学也不是老师一个人的独奏，而是与所有学生协奏而形成的交响乐。因此，意义建构不可能是单向的，它是在大家思想的不断分享与碰撞中形成的——自然，你的建构和我的建构是同在的，是相互交织的。李镇西曾以"共同进餐"为比喻，形象地将师生关系称为"共享关系"，他说："在愉快地共享中，师生都能得到满足，都获得营养。"[1]

最后，这种建构不只是知识的建构，同时也是人格和生命意义的建构。在知识层面，教学相长，彼此受益，双向建构；在知识学习外，和谐的对话能够让学生逐渐学会尊重、理解、宽容、谦逊、悦纳，学会恰当地表达自己，形成完善独立的人格，展露鲜明的个性等等。所有这些都是超越知识的，是人格和生命意义的双向建构。

---

[1] 李镇西.共享：课堂师生关系新境界[J].课程.教材.教法，2002（11）.

第二节　对话教学的原则

首先，对话教学是一种教学，应该遵循所有教学的共同规律和原则。但同时，对话教学在内在精神和外显方式上，又具有不同于其他教学的鲜明属性，因此，它又有一些特别的原则需要教师在教学过程中准确把握和进一步体现。

一、基于儿童的原则

小学阶段的对话教学，它的主体对象是儿童。有人说：儿童是教育的起点、中心和目的。自然，儿童也是对话教学的起点、中心和目的。因此，"从儿童出发"必须是对话教学的首要原则。同时，儿童有一定的特殊性，他们有不同于中学生、成人的身心特点以及认识世界的视角，儿童有属于自己的认知方式和对话方式。所以我们理解的基于儿童原则，其含义就是：要充分尊重儿童、理解儿童、发现儿童，以契合儿童的方式积极实施对话教学。

首先，基于儿童要尊重儿童的自由天性。

成尚荣先生在《教育：走向儿童可能性的开发》一文中指出："儿童代表着自由，寻求自由是儿童的天性。教育不只是规范儿童，更重要的是解放儿童，让儿童获得自由思想的空间。"对话教学要热忱地呵护儿童寻求自由的天性，为儿童营造一片自由思想的天空，杜绝一切阻碍、断喝和强制，充分体现对话的精髓。在此基础上，进行对话，与儿童一起学习。

其次，基于儿童要找到儿童的学习节拍。

儿童意味着"还没有"和"不成熟"，要把儿童当作儿童，让儿童保留生命中最本真的善良和快乐。儿童有自己的学习方式，比较感性，喜欢在游戏活动中认知事物；儿童有自己的学习节奏，或许有些慢，或许需要等待。对话教学要充分关注儿童的认知方式和节拍，不匆忙追求速度和眼前的效率，要把实现教师教的节奏和学生学的节奏两者重合共振，作为教学的艺术境界。深层次地看，即对话教学要不遗余力地发现儿童，走进儿童的世界，去探寻儿童内心的想法，贴近他们独特的思维方式，让"学"真实地发生，深刻地发生，紧依着学情生动地发生。

再次，基于儿童要看到儿童的可能性。

康德早就说过："人是一个有限的理性存在，但有无限的可能性。"儿童意味"不确定"，不确定就是无限的可能性，也就意味着满满的希望。对话教学要用对话的情怀、对话的精神、对话的眼光看待儿童的缺点、错误，一个小小的伤害都有可能牺牲儿童的未来。要能够意识到儿童当下的不足，他们现在处于花朵绽放的过程，美丽需要等待。正如马克思·范梅南所说："看待儿童其实是看待可能性，看待一个正在成长过程中的人。"

最后，基于儿童要呵护儿童最珍贵的好奇和创造。

对话教学跟其他教学相比，有它的优势：儿童有更多的对话机会，表达会更为充分；在这个过程中，儿童丰富的想象力、原生态的创意能得到很好的展示。教师要细心呵护儿童的想象力和好奇心，包括他们的那些奇思怪想，给儿童一种顺应式的帮助，不逆着儿童的想象予以遏制，要像呵护玫瑰花的露珠一样，呵护儿童充满好奇和创造的童心世界。成尚荣先生说得好："孩子＝玫瑰花，孩子的心灵＝玫瑰花上的露珠。"儿童是美丽的花朵，但也是柔弱的；童心是晶莹剔透的，它需要精心的呵护。

二、平等对话的原则

"没有民主与平等，师生之间是无法对话的。"[①] 对话教学开辟了教学的主体间性的领域，体现对师生双方主体性的尊重。它完全是以承认个人主体为前提的，没有对师生双方主体性的承认和尊重，对话教学的实施是没有意义的，或者说是实施不下去的。因此，"平等对话"是对话教学的又一重要原则。

平等对话，首先要承认师生的平等共在。

课堂是大家的，学习是共同的，在课堂上不能只看到教师。如同在皮划艇比赛中，领舵手也是划舵手。教师与学生是平等的，共在的；学生与学生是平等的，共在的。平等对话的实质是指在彼此地位平等、人格平等、机会平等之下进行的和谐有效的对话。

平等对话，还必须强调学生的权利。

既然教师与学生是平等的主体，为什么只强调学生的权利？因为，在现实的教学中，我们从来不担心教师权利的缺失，只担心教师权利的膨胀，担心教学变成教师的独唱，出现独白式的课堂教学。相反，学生本应该拥有的一些权利，特别是那些体现平等意义、体现真实学习状态的权利却被压抑和遮蔽。我们认为，这些权利必须得到释放，得到最为充分的彰显。

在银城小学对话教学的"儿童课堂权利"中明确提出了十条学生权利，即

---

① 刘庆昌. 对话教学初论 [J]. 教育研究，2001（11）.

学生可以给老师提建议；可以自找伙伴；可以自由选择作业；可以说"不"；可以出错和改错；可以为自己和他人鼓掌；容许保留自己的理解；可以大胆表达、不畏惧；可以对问题进行假想和猜测；犯困可以休息一会。这些权利的提出，使得平等对话没有变成仅仅停留在理念层面上喊喊的口号，而是真真实实地有了制度上的保证。

平等对话，把教师和学生，把教和学，视为天平的两端，双方既是对等的，又是相互承托的，从"你"的重量看到"我"的重量，"你"的丰富使"我"也变得丰富。平等对话，也像一个跷跷板，相互用自己的重量翘起对方的重量，用自己的高度翘起对方的高度。

三、多边互动的原则

"多边互动"是对话教学的一个显著的特点，也是对话教学的一个基本原则。

"多边"是指对话的主体是多元的，不是教师的一言堂，不是个别学霸的精彩演绎。"多边"还指对话的方向不是单线的，如果只是教师到学生，这样的对话是单线的；如果只是学生到学生，也算不上是多边的；甚至如果只是小组合作，也不是真正意义上的多边互动。在形式上，真正的多边互动是教师与学生、学生与学生融为一体，在全班背景下形成的对话活动场景。这其中的对话互动应该是丰富的，彼此之间的对话互动从结构上看是交织的网状，如果将对话者之间连个线，会得到多重交叠的线条。在深层意义上，真正的多边互动其实是共同的心灵介入，是多边心灵的交互和交融。

此外，对话教学中多边互动的本质是促进意义分享，不能促进意义分享的多边互动是空壳子、花架子，不是真正的多边互动。我们认为，交流和分享是多边互动的内涵。交流分享是指多方的敞开和接纳，就是在各自经验的基础上，不断地向对方敞开自己，在他人中发现自己，在自我中发现他人，在对话中生成新知，建构属于自己的知识体系。我们看到的应该是这样的对话景象：先出现一个想法，有人赞同、接纳，有人质疑、诘问……思维如水，潺潺流淌；接着，有人对这一想法进行补充，有人提出自己的疑问；之后，形成不同观点阵营，于是思想的碰撞、争鸣不可避免；同时，大家是在倾听的，理解的，修正的，接纳和顺应的，逐步建构的……思维如竹，悄然生长。也许，当对话互动结束的时候，"我"没有改变"你"的观点，"你"也并有改变"我"的观点，但多边对话的意义已经实现——意义共享才是对话的目的和结果。

四、生成创造的原则

在对话教学中，主体是一个个有不同思想的人，对话过程又是敞开的，所以，对话教学必然是一个动态的过程，在这个过程中随时会遭遇到"生成"。"生成"意味着我们在迎接意义的更迭和创造的到来。事实上，一个灵动的对话课堂，正是充满生成和创造的！所以，生成和创造应该是对话教学的又一个基本原则。

遵循生成创造的原则，就是要坦然面对所有的突如其来，面对所有的不一样，把生成带来的不同寻常的陌生感当成是一种幸会。虽然让你意想不到，让你有点错愕，但恰恰是生成让学习意义充分展开，让我们的学习之旅变得丰富，变得有趣，变得充满挑战。这样，反而会激发师生内在的冲动，激活学生的潜能，使学生乐于探索，实现学习的增值效应和创造价值。正如钟启泉教授所说的那样："对话性沟通超越了单纯意义的传递，具有重新建构新意义、生成新意义的功能。来自他人的信息为自己所吸收，自己的既有知识被他人的视点唤起，这样就可能产生新的思想。在同他人的对话中，出现了同自己不同的见解，才会促成新的意义创造。"[①]

---

① 钟启泉.社会建构主义在对话与合作中学习［J］.上海教育，2001（2）.

遵循生成创造的原则，还需要有组织生成和引导创造的智慧。水本无华，相荡而成涟漪；石本无火，相击而生灵光。当纷杂的生成出现时，教师要善于把生成当成一种新的资源，把生成有选择地组织起来，为接下来的学习打开更大的空间。当学生有新奇的观点出现时，教师不能不以为意，要认真思考其合理的成分，并基于其合理性进行引导，让创意、创造得以生长。

第三节　对话教学的追求

如前所述，银城小学用哲学的思想这样理解对话——对话是一种关系，确立主体间性；对话是一种理解，走向理性商谈；对话是一种方式，促进意义建构；对话是一种过程，形成合作分享。

银城小学对对话教学的诠释瞄准四个要素：对话教学是在对话精神观照之下，从关系设计出发，以对话活动为基本形态的，促进双向建构的教学变革的实践。

基于上述对对话的哲学理解和对话教学的概念诠释，以已有的对话教学的实践为背景，银城小学的对话教学实践聚焦于对话教学中的关系，即"对话，从关系改变开始"，体现了以下四个方面的内涵。

一、没有对话，就没有真正的教学

保罗·弗莱雷说："没有对话，就没有交流；没有交流，就没有真正的教育。"[1]克林伯格说："在所有的教学中，都进行着最广泛的对话……教学原本就是形

---

[1] ［巴西］弗莱雷. 被压迫者教育学［M］. 顾建新，赵友华，何曙荣，译. 上海：华东师范大学出版社，2014.

形色色的对话……"① 自然,没有对话,也就没有真正的教学;没有真正的教学,何来对话教学,何来对话教学的主张?所以,我们把"没有对话,就没有真正的教学"作为对话教学上位的一个核心理念。

明确这个核心理念很重要,因为它是对话教学信念"对话,从改变关系开始"的重要发端。

二、儿童是天生的对话者、创造者

儿童的天性是好动、好说的,他们天生就充满好奇心,喜欢追问"为什么"。正如有些老师所说,"他们就是一群叽叽喳喳、喋喋不休的小麻雀"。同时,儿童还与成人不同的是,他们还经常以一颗纯真的心与小动物、小草、星星或小玩具对话,他们的对话中有一个丰富的世界,一种别样的情致。因此,儿童是天生的对话者!

儿童还是天生的创造者。我们小学老师都读过儿童写的作文,都与儿童有过深入的交流。你会发现,儿童的笔下有瑰丽的想象,有奇妙的思想;儿童的对话中有令人捧腹、但冷静一想却颇有哲思的话语。这是为什么呢?也许,童心本身就意味着创造!蒙台梭利说:"儿童是小小的探索者","是上帝的密探";苏霍姆林斯基说:"儿童就其天性来讲,是富有探索精神的探索者,是世界的发现者";贾德甚至这么说:"我们家中那张新买的婴儿床上,有一件神奇的事正在发生。就在那儿——婴儿床的栏杆后面——世界正被创造。"儿童、探索、童心、创造是紧密相连的,所以儿童是天生的创造者!

承认儿童是天生的对话者、创造者,我们就会给予学生更多对话的机会、创造的机会,学生发展的无限可能性才能淋漓地展现在眼前。

---

① [德]克林伯格.社会主义学校(学派)的教学指导性与主动性[M].柏林:德国科学出版社,1962.

三、对话引发课堂学习样式的变革

这是对话教学内在创生的需要。对话意味着开放,开放必然带来偌大空间,迎来更多创造学习方式的机会,同时也面临着新的挑战。对话教学与其他教学应该有些不一样,我们在教与学主体的转换上,教与学方案的设计上,教与学活动的进程把握上都要有所突破和创新,不断创造新的课堂学习的景象,让课堂变得更加舒展灵动,变得有浓浓的"话韵"。

四、对话促进育人目标的提升

这是对话教学的情怀所在。对话与对话教学都是意义建构的过程,更是学生学习力、学习情智,甚至是人格和生命建构的过程。"建构"昭示着创造,"建构"的过程往往有创造相随。对话教学倡导点燃学生的创造,激发学生的智慧,看到学生发展的无穷潜力和长远的可能性。皮亚杰说得好:"智慧的发展表现为新的可能性的产生"。因此,对话教学更加关注学生核心素养的发展,更加关注学生的未来。

归根到底,"对话,从设计关系开始"这一信念是在对"对话"的哲学理解中脱胎的,是在对话教学的概念诠释中展开的;它是对话教学课堂实践的客观凝练,是对话教学进行时的方向表达。

第四节　对话教学的实践线路

教学主张的落地，仅仅只有核心理念的观照是不行的，需要有实实在在的支撑点，以及对教学因素的明确把握。

一、五个实践支点

（一）基于倾听

克尔凯郭尔在《非此即彼》中说，"耳朵是最由精神决定的器官"，这一说法指明了倾听的精神性特征。"对话，不能简化为一个人向另一个人灌输思想的行为，也不能变成由待对话者消费的简单的思想交流。"相反，对话是一种特殊的倾听方式。没有倾听，对话将不复存在。倾听是一种包容开放的对话文化，体现的是一种气度。

倾听是一种态度。真正的对话是建立在倾听的基础上的。没有倾听，就没有尊重和理解，就不能走进对方内心去感同身受。倾听就是认真地听对方表达，不打断；静静地等待，不催促；用心地理解，具有同理心。"倾"仿佛是一个意象：微微俯下身子的样子，表达的是一种专注、认真的态度。

倾听也是一种学习方法。皮亚杰的认知发生论告诉我们，学习其实是一种信息进入、分析、同化或顺应、建立新的平衡过程。没有信息的输入,哪来信息的分析?哪来真正的思考?哪来意义的生成?哪来学习活动的深入展开?所以,倾听其实是学习的开始。同时,倾听的过程,对于每一个学生来说,其实是不断产生的新的信息与自己的前理解产生碰撞、澄清、悦纳的过程,这时,学生内在的自学行动无形中已经自觉开始了。所以,倾听也是一种学习的方法。

(二)充分表达

首先,通过充分表达,促成积极参与。对话教学没有积极参与不行,而这种积极参与的表征就是充分表达。让所有的学生都能主动地参与到对话中来,不拘谨,不畏缩。保证对话教学在学生参与面上的最大宽度。

其次,充分表达还指表达的内容要敞开,最充分地延展开去。每一个学生个体的表达要充分,全班的表达要最大化释放,老师不要急于收紧,不要过早阻拦。通过充分表达,让学习触及更多的知识和更远的范畴,达到学习内容上的最大宽度。

当然,充分表达也不是不着边际的扩散,而是伴随着意义生长让表达最大化,让意义最自然、最舒畅地流淌,让意义形成变得更丰富,"表达"的过程更有思维含金量。

(三)理解发现

首先,"理解"是"多元理解"。理解的主体是多元的,来自老师、不同同学的理解在对话中得以呈现;同时,理解的内容也是多元的,每个主体的理解有可能是不一样的,这样的多元理解构成了对话学习五彩缤纷的场景。因为理解的多元,导致学生面临不同的选择:认同,还是质疑?摈弃,还是接纳?合理的甄别、取舍势在必行,深入的学习即将开启。

其次,"发现"是"意义发现"。可以这样说,学习的本质是这一种意义建构,学习的历程是一种意义发现。钟启泉先生说："教学不仅仅是知识的创生，更为重要的是还有意义的显现、感悟与追问。"[①] 在对话教学中，意义的发现是非常重要的。从别人的理解中，观照自己的理解，发现彼此的不同；从自己的理解中，发现不完善，进行补充和修正；在大家的理解中看到意义的丰富性和生长性。于是，师生一起自觉思辨，合理地解构，合理地重构，从而创生新的意义。从"创生"走向"创造"，达到"发现"的最高境界。因此，理解发现真正让"学"深刻发生，让"学"更有深度，让"意义"生长更有深度。

（四）活动贯穿

如果把对话仅仅看成是你问我答，就狭隘了。同样，如果把对话教学看成是许多个小的对话片段连接而成的教学样式，也是狭隘的，甚至是错误的。我们特别强调对话教学的活动形态，大力倡导必须要有丰富的对话活动设计。这是对话教学主张得以展开的一个有力支点。

强调活动设计，是防止对话的肤浅、形式化；强调活动的丰富性，是防止对话的呆板和僵化，要让课堂学习变得活泼、有趣、有灵气。

活动贯穿不仅指课堂学习始终要在对话活动中进行，同时，还对活动本身有要求：每一个活动自身要是完整的，各活动之间要是连接的、有递进的。

常见的对话活动有几种类型，我们将其归结为：讨论式、问答式、辩论式和探究式。在讨论式的对话活动中，生生之间就某一问题各自发表意见，注意相互启发，交流互补。问答式的对话活动不是简单的一对一的问答，而是一种有结构的询问和不断推进的追问。辩论式的对话活动则需要设置场景，设计话题，进行各种观点之间的交锋，一起走向理解。探究式的对话活动主张一起围绕话题或问题进行探索，在探索的进程中，彼此协商，相互解释和说服，和谐共生。

---

① 钟启泉. 社会建构主义在对话与合作中学习[J]. 上海教育. 2001（11）.

此外，活动将学生团结在一起，能激活教学系统的潜在的人力资源因素。由于学生之间在心理和知识水平等方面具有较高的相近性，因此在活动中更容易产生心理安全感。这种安全感能使他们在群体中自由言说和相互倾听，敢于充分地表达和展现自我，能充分满足学生的心理需要。"只有满足学生对归属感和影响力的需要，他们才会感到学习是有意义的。"[①]

（五）合作建构

古人云：独学而无友，则孤陋而寡闻。其实，从某种意义上看，对话教学可以看作是合作学习和建构学习的理论演绎和实践生成。对话教学不能没有合作，因为只有在合作中对话，通过对话协商，逐渐完善各自的认知，才能最终完成对知识意义的较为完整和科学的建构。因此，合作建构是对话教学的核心环节，对话教学的主张体现必须将其作为一个重要的支点。

合作建构的支点作用在哪里？首先，期望通过合作彰显个体的主动性，突出目标的指引性和任务的真实性。合作就是大家一起学：在合作中要有目标定向，不能太松散；在合作中要有明晰的任务，保证知识形成的过程真实可靠，学习的历程生动真切。

合作建构的支点作用，还体现在通过建构来突出学习过程的不断反思性和知识形成的系统性。建构就是大家一起的建构：在相互的理解和自己的反思中得到提升与改进，共同形成一个相对完满、科学有层次的知识结构与认知结构。

二、五个"课堂因子"

在践行对话教学主张时，我们除了强调五个实践支点外，也在努力寻找对话教学在课堂背景中的一些实践关节点，我们暂且称之为"课堂因子"。这些课堂

---

① 王坦.合作学习——原理与策略［M］.北京：学苑出版社，2001：77-80.

因子是教师体现对话教学主张的有力抓手，是对话教学主张在课堂这片土壤上生长的种子。

简要来说，五个"课堂因子"体现了以下几个方面的要求。

（一）话题：追求适切的挑战性

话题要适切，能够贴合学生的生活经验、知识基础和年龄特点，不突兀；同时要具有一定的挑战性，既不能低得学生没有兴趣，也不能高得学生跳一跳还是够不到。

（二）互助：追求充分合作的互助

要让师生、生生结成对话与互助的共同体；合作互助要充分。互助的旨趣不仅在于互助，更在于分享。

（三）交流：追求积极多元的交流

要让积极、主动成为学生对话学习的习惯；交流的主体及内容需要体现多元化的特征。

（四）方式：追求情智相融的学习方式

有趣的学习方式有利于保持儿童对话的高参与度，保持对问题的高专注度，从而不断把问题引向深度的探究。而且从长远来看，有趣的学习方式，也有利于培养学生对学习本身的喜爱。

（五）评价：追求凸显个性的评价反思

评价方式要尊重个体的差异、彰显个性，不囿于固定、僵硬的方法，用鲜活的方式，体现童趣，促进学习反思与进步。

第三章

对话教学的课程建构

理想的课程给孩子的是一种受教育的权利,既能将孩子带向无边的天际,带向遥远的过去与未来,同时又能让他们享受成长的快乐。

如果说教学是一个发展、增值的过程,那么对话的智慧、学习的灵感、关系的建构将在"课程链"上传递和生长。

第一节　对话教学课程框架

"课程"一词在我国始见于唐宋时期。唐朝孔颖达为《诗经·小雅·巧言》中"奕奕课程表寝庙，君子作之"句作疏："维护课程，必君子监之，乃依法制。"宋代朱熹在《朱子全书·论学》中多次提及课程，如"宽着期限，紧着课程""小立课程，大作工夫"等。

在西方，"课程"（Curriculum）一词最早见于英国教育家斯宾塞（H. Spencer）《什么知识最有价值》（1859）一文中。它是从拉丁语"Currere"一词派生出来的，意为规定赛马者的行程的"跑道"（Race-course），即指学习的进程。根据这个解释，我们可以将课程理解为为不同学生设计的不同轨道。

儿童的潜能是人类千百万年进化积淀的胚芽。这种胚芽虽然隐伏着尚未表露出来，但在潜隐状态下已经具备了发展的可能性。夸美纽斯直观地认为，儿童身上天然地蕴藏着"虔诚""学问""德行"的种子，这是儿童的基因密码。由此，课程的丰富性、实践性、探索性等就十分重要了，它为儿童的发展提供了全方位的广阔空间。

每个儿童都具有自我适应和成长的内在力量，但同时也离不开外在给予的营养和栽培，面对银城小学 4 300 名学生，课程的责任是精准地计算，聆听儿童的声音，尊重儿童神奇的生命过程，满怀信心地等待儿童，让儿童成为自己的主人。

对话在课程之中，对话的内容、形式和创造均从课程表中来，对话纵横交错在人们现实的思维空间里，其终极目标是人的发现与培养。据此，学校以"CC课程""对话形态""五力指标"等要素构建了银城小学的课程框架。

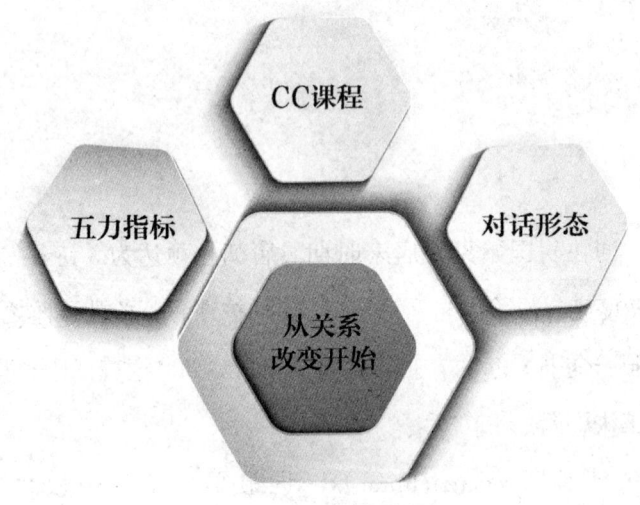

图 3-1　银城小学课程框架

一、CC课程

CC 是"胆识"（Courage）和"创造"（Creation）的英文单词首字母缩写。CC 课程以"对话世界、世界对话"为核心理念，以对话为自己的教学哲学和主张，以多元化替代标准化、同步化，构建完善的课程体系，从而进一步满足学生多样化、个性化、未来化的需求，促进每一个儿童的发展。

（一）课程目标

1.建设对话课程体系，构建以"从关系改变开始"为内核的课程文化，完善学校课程结构。

2. 面向未来，培养国际视野下的基本品质。发现可能、创造可能；在可能中培养学生的自信、胆识、创造精神。

3. 树立大课程观，实现课程设计者、实施者、管理者的角色互换与角色对话，建立平等的师生关系。逐步满足课内外、校内外、国内外的无缝对接，实现课程的无限张力。

（二）课程原则

1. 基础性原则

面向全体学生，从日常的教育教学中生发出对话的基点，将视角放在学科课程与教学之中，使课程最直接地促进学生的发展。

2. 个性化原则

学生的个性成长是一个长期的、潜移默化的、由内而外的发展过程，因此对话模式的课程设计应着眼于学生的长远发展，符合学生个性发展的规律，为学生未来的成长积蓄个性的力量。

3. 迁移性原则

基于对话，以学科的核心知识与技能作为对话课程创新的突破口，整合各种社会资源，逐步完善校本课程。

（三）课程结构

1. 基础性课程

基础性课程是国家课程的校本化实施。以"对话课堂"为重点，即学校和教师通过选择、改编、整合、补充、拓展等方式，对国家课程和地方课程进行再加工、再创造，更注重学生的实际学情，更彰显对话的特点。

2. 顺应性课程

顺应性课程以学科兴趣为取向，是基于学校本土生成的，在学科教材内容的基础上，以多文本、多试验、微时空、微对话等方式进行结构与呈现方式的创新，是一种新的扩充和超越。

3. 活动性课程

活动性课程是以发展学生个性为主旨的。它是把学生生活、学生时尚作为课程设计的逻辑起点，更关注学生在活动中的体验与成长。

4. 国际理解课程

国际理解课程是以主题活动为载体的。通过主题学习、游学实践等活动去了解世界、行走世界、拥抱世界、对话世界。

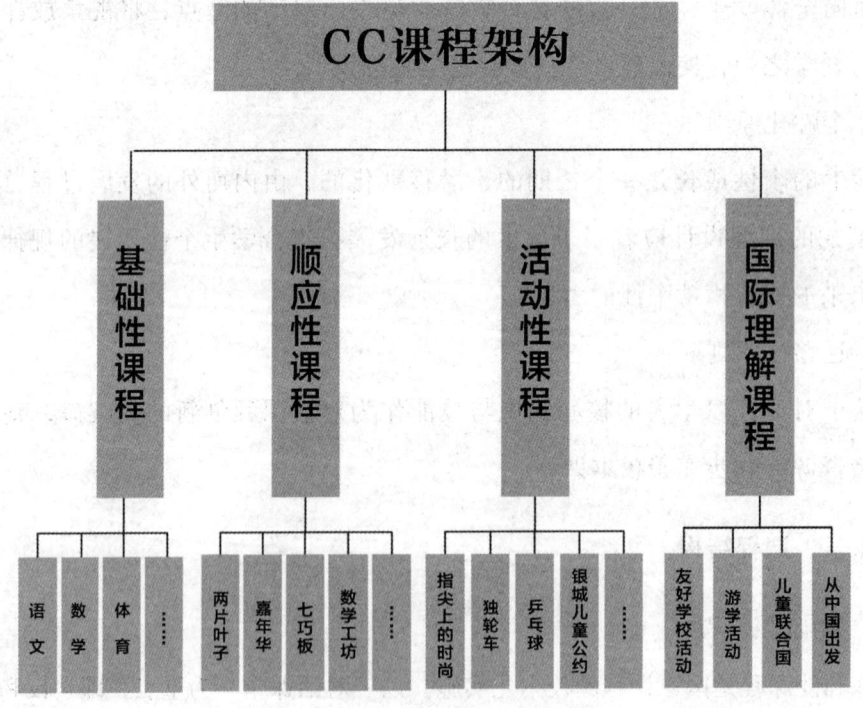

图 3-2 CC 课程架构

（四）课程管理

1. 教材

一是校本教材的全新建构，其编写力求体现基础性、阶段性和自主性的特点。

因此，教材内容具有丰富的知识含量和多元的信息资源。二是对各种资源的利用与整合，包括教师和学生的定制课程，其要求是编制课程开发与实施方案，并报学校课程部审批。

2. 课时

原则上每周两课时，长短结合，长课时为 40 分钟，短课时为 20 分钟。顺应性课程的部分内容可融于基础性课程，国际理解课程部分内容可安排在寒暑假施行。

3. 评价

实行学年积分制。

二、对话形态

对话产生意义。不论何种对话，都离不开思维，都经历着"是什么？为什么？怎么做？"的过程。南京大学马克思主义学院副院长胡大平老师认为，对话就好比是一块跷跷板，一头站着教师，另外一头站着学生。对话不是指教师放弃

图 3-3　对话形态构成

自己的话语权让孩子们去玩游戏，而是用自己的生命质量把孩子们撬起来。10 岁的李欣睿同学则认为，对话就是"巧克力遇上棉花糖"，滋味不同，尽是甜蜜。而在郑乐颜家长的眼里，对话，不一定是语言，不一定有声音。有时，一个微笑，一个动作，甚至一个眼神，默契中自有对话。就这样，对话在原生、试错、追问、实证、批判、创生中慢慢地展开，丰富的对话教学形态得以创造出来。

（一）自我性对话

先看一组一年级孩子的日记：

> 今天，我的心情特别特别棒，因为我换牙啦！早上，闹钟响了，我赶紧起床穿衣服。一不小心，我撞到了墙上。这下可不得了，我发现一颗本来就有些松动的大门牙"光荣下岗"——掉下来啦！幸运的是，只流了一点血，也不是很疼。哈哈哈，换牙代表我又长大了，我真的很开心哦！
>
> ——一（2）班　严子涵
>
> 今天是十二月十三日，是南京大屠杀纪念日。我们上美术课的时候，外面响起了警报声，那声音听起来很可怕，一阵又一阵，我们和老师一起低下头默哀。想起在大屠杀中死去的人，我很难过，也很气愤。
>
> ——一（11）班　袁梓洋
>
> 今天，妈妈做了我最爱吃的炒年糕。我刚开始吃得很顺利，直到遇到一个特别调皮的小年糕，每次我用勺子想把它盛起来的时候，它都会像乘了滑滑梯一样"嗖"地一下滑下去。这样一直奋战了六七次，调皮的小年糕还是不肯乖乖听话。后来我不得不借用了妈妈的筷子，才把这个调皮的家伙夹起来吃掉。真是一顿有趣的晚餐。
>
> ——一（3）班　韩书瑶

> 教练端来一大盆球给我"喂球"。这可是我第一次实战练习啊！我紧盯着老师打来的球，不停地挥舞着球拍。可这些小球就像调皮的小宝宝，怎么也不肯投进"球拍妈妈"的怀抱，到处乱跑。唉，这些不听话的小球啊，真是太淘气了，把我累得气喘吁吁。后来，教练纠正了我的姿势，他指出我的手挥得太高了，所以才接不到球。看来，是我冤枉这些小球了。
>
> ——一（1）班　钱馨乐

这就是孩子们借用日记的形式，在和自己对话。换牙的开心，南京大屠杀纪念日的难过，吃年糕的有趣，练球的曲折——"小朋友如此，哲学家亦如此。"其实，哲学家也经常处于自我对话状态。有人问安提斯泰尼："你从哲学中获得了什么？"他回答："同自己谈话的能力。"每天、每时，我们每个人都在自觉不自觉地进行着自我对话，与内心深处那个常常沉睡的另一个自己对话，使其醒转过来，从而"发现自己，发现另一个自己"，这正是一个人的内省过程，是一个人的悟性从晦暗到敞亮的过程，也是一个人内心深处的仁爱、智慧浮出水面的过程。

自我对话是人的内在机制，是一个在内在机制的驱动下，自行从粗糙向细致，从简单向复杂方向发展，不断地提高自身的精细度和复杂度的过程。对话教学中的自我对话机制使其具有自我调整的诱因与动力，从而不断地推动教学由无序达到更高层次的状态。

（二）群体性对话

和自我对话相反的是群体对话，在这个群体中，可以是两个人的对白，可以是大人、小孩的舌战，也可以是一群孩子的叽叽喳喳，可以是志同道合的，也可以是鸡同鸭讲各自表达的，但集中到一个本质上，即你有一个思想，我也有一个思想，在分享和碰撞中同时拥有更多的思想，在这种形式的对话中，没有主角,没有对错,没有后果,想说就说。

下面以大家对"换班制"的讨论为例,看银城小学的师生及家长们,是如何展开群体性对话的:

> 近日,南京某小学生训练营今年开始尝试换班模式,引起业内外关注。这次换班是把每个班原来的学生分成6人一组,整组换班,每个班学生有进有出,不过带班的各科老师并没有变化。此事,在教师、学生和家长之间掀起了不小的波澜,有人疑惑,有人担心,有人高兴……
>
> "换班制"这一新事物的产生,引起了我极大的兴趣,我是喜欢这一新事物的。它让"班"的隔阂消失,让我的朋友更多,让我们和我们的集体更强大。定期的换班,可以让我们接触到不同的任课老师,领略不同的教学方式。亲切的老师,新鲜的教学,让我们每一天都能有新惊喜。
>
> ——五(1)班 严翔予
>
> 领袖训练营称"男女生换班后,课堂纪律明显好了许多"。其实,要我说,男女生换班纪律变好根本不是换班的结果,而是因为男生女生在一起更符合大家交流的角色需要而已。通过换班得出的"效果好很多"的结论明显论据不足,太幼稚了!
>
> 综上,我认为通过换班制提高学生交往能力,论证不足,滑稽可笑!
>
> 我谨慎地反对换班制!就算它是对的,也要拿出充分的论据来,千万不能头脑一热,脑门一拍,一纸政令就拿我们小朋友当试验品!
>
> ——六(7)班 高芮佳
>
> 其实国外也有换班制。今年圣诞节期间,在加拿大读高二的安琪姐姐到我家来玩,我很好奇外国的高中生如何上学。姐姐说她们没有固定的教室,也没

有固定的同学，课程分为必修课和自己感兴趣的选修课，每节课都有一两个小时，课间只有5分钟用来换教室。我问姐姐有没有志趣相投的好朋友，姐姐说有，是她选修声乐和西班牙语时认识的，因为有共同的兴趣和爱好，课余时间会偶尔在一起玩玩，但没有在国内时整天在一起的同学那么亲密。听姐姐这么一说，我都有点同情她了。

——四（6）班 汉思成

我个人不太赞同。一是实际意义不大，其实每个小朋友较为亲密的同学也就七八个左右，刚刚认识的新同学过段时间又不在一起了，人走茶凉，人之常情。学生的主业是功课的学习，把时间花在熟悉全年级的同学上，有些喧宾夺主，主次不分。

二是实际操作中需要科学安排，可操作性要强。换班的周期设置为多长时间合适？一个月、三个月、半年，还是一年？轮换太频繁可能会导致混乱，跨度太长则意义不大，如何把握？此外，班主任老师熟悉全班同学的性格特点、学业成绩至少需要一个月左右，如果轮换周期太短，在管理上比较麻烦。所以设置为半年或一年比较符合实际。可以考虑一学年即每学年升年级时换一次，小学六年下来与全年级同学都同过班，不过到六年级时估计一年级时的同班同学的名字早就忘光了。

——五（4）班 刘远桐家长 丁 伟

首先，当下小学实行的是平行班制，因为它的基本考量是均衡发展，共同提高。所以，各班学生之间整体学习能力相当，各班老师之间教学水平相近。平行班制之所以存在多年，自然有它的合理性。

其次，换班后的学生来自不同的班级，而每个班老师对学生的习惯培养方式以及教育方式也是不一样的。对于班主任来说，换班之后又得花一段时间与学生磨合，对交换后学生的特点，需要进行更深一步的了解，然后再制定相应

> 的教育策略。一次换班，就意味着所有的事情都要从头开始，无形之中又增加了许多需要掌控的变量。
>
> ——教师　刘福定

七嘴八舌议"换班制"，多有意义啊！当然，在群体对话中，我们还要关注另一个词："群体思维"。群体思维是社会思维的形式之一，也是创造性思维的一种重要途径。其形式可以是群辩，由不同性格和专业的人员组成精干的小组，自由运用比喻或模拟等方法非正式地交换意见，进行创造性思维，在此基础上阐述或解决理论问题与实际问题；也可以是会议集智，组织者仅起引导作用，不做评价或下结论，与会者自由思维，提出自己方案，综合、补充或改进他人方案，严禁否定他人意见。世界多姿多彩，一个人造就不成新"世界"，真正的改变源自群体的改变。

（三）文本性对话

文本是按语言规则结合而成的语句组合体，短至一句话，长至一篇文章、一本书。和文本对话，既可以超越时空的间阻，恢复作品不变的意思；更可以以创造的行为，编织不同的意义网格。哲学解释学大师伽达默尔认为，"理解"是人类基本的生存经验，就文本而言，理解乃是人与文本打交道，是人与文本作者的一种交往和沟通。理解对象的意义是依赖于理解者的，是在与理解者的对话中出现的。[①] 意义存在于文本的视野和学生的视野相交叉的"视界融合中"，为此，学生要带着自己的经验和知识走进文本，突破文本文字符号的框限，走进文本的心灵，通过与文本的对话，建构文本的意义，而这种意义的可能性是无限的。

我们以同学们对苏教版语文第六册第24课《鹬蚌相争》的续编来展示这样

---

① 吴友奎.课堂中的意义建构［D］.重庆：西南大学，2009.

的文本性对话：

> 临死前鹬和蚌感慨万分地对渔夫说："谢谢您，您指出了我们的不对之处，不管是死是活，我们都要感谢您！"说完它们俩就闭上双眼沉睡过去，进入美丽而又温暖的天堂……
>
> ——三（10）班　桑翊绮
>
> 渔夫的妻子找到了钳子，把鹬和蚌分开了，趁渔夫妻子拿东西的时候，鹬一下子从窗户逃了出去，河蚌还没缓过神来，就被渔夫妻子扔进了锅里。蚌感觉身子越来越热，快要呼吸不过来了。蚌临死前既伤心又后悔，伤心自己要死了，后悔自己不听旁人劝才会落到现在这个地步。
>
> ——三（1）班　陈逸灵
>
> 渔夫来到厨房，见到蚌放开了鹬的嘴，很奇怪。这时蚌张开壳儿，紧紧咬住了渔夫的腿，渔夫惨叫一声摔倒在地上，于是鹬背起蚌向河滩飞去。
>
> 通过这件事，鹬和蚌终于明白争斗是毫无意义的，只有团结协作才能赢得生机。
>
> ——三（6）班　孙致远

鹬蚌相争，结局如何？基于文本，孩子们和鹬对话，和蚌对话，和渔夫对话，三位同学为鹬蚌设计了各种各样的结局；而成明德同学还为鹬蚌设计了A、B、C三个计划，妙哉！

> 当鹬和蚌被渔夫捉住以后，被关进了一个桶里，他们唉声叹气："我们不应该争吵起来，而导致了现在的结果，现在我们都被抓住了，怎么办呢？"突然，蚌想到了一个好办法，它将A计划告诉了鹬：先让鹬把它放下来，然后让鹬用它长长的嘴咬住窗外的树枝，它们应该就能得救了。可鹬的嘴还不够长，够不

到树枝，于是A计划失败了。

"不用怕！"蚌早有准备，决定实施B计划：因为桶比较薄，蚌让鹬用嘴啄出一个洞，就能出去了。鹬啄呀啄，终于啄出了一个洞，可是这洞太小了，鹬根本出不去，B计划也失败了。

蚌的C计划是让鹬带着它飞出去。鹬担心道："这桶有盖子让我怎么飞出去呀？"蚌胸有成竹："没事，你试试看把盖子顶开，再用脚抓着我一起飞出去就行了！"于是鹬使劲顶桶上的盖子，突然，盖子"铛"一声掉在了地上，蚌和鹬吓得缩在一起，过了好长时间，它俩才探头探脑地往外看，原来渔夫睡着了，怪不得没有动静，于是鹬用他的脚抓住蚌轻快地飞了出去，蚌的C计划终于成功了。

——三（14）班　成明德

（四）交界性对话

有这样一本书《交界上的对话》，作者江晓原先生说自己有个毛病——"不务正业"。这或许可以解释他为什么有如此五花八门的头衔：科学史学者、大学教授、影评家、专栏作家，以及普通公众最好奇的——性学家。他一直在各个领域的交界处行走。

当下，小学教育的分科越来越细，老师分科，学生偏科，学生的形象思维有余，逻辑思维缺失。传统教学学科林立，给孩子挖的是一口又一口的学科深井，但是学科之间缺少关联。于是就出现了这样的现象：看上去我们的孩子学科知识学得深透，但是解决实际问题的能力却偏弱。而"交界对话"的一个核心就是将被割裂的学科打通，让深井连成汪洋！

银城小学有这样一本书，书名叫"叮当"，说它是语文，里面有数学；说它是数学，里面又包含了音乐美术等等。孩子们很喜欢，其实它是交界学习一种尝试，一本学科整合的读本。

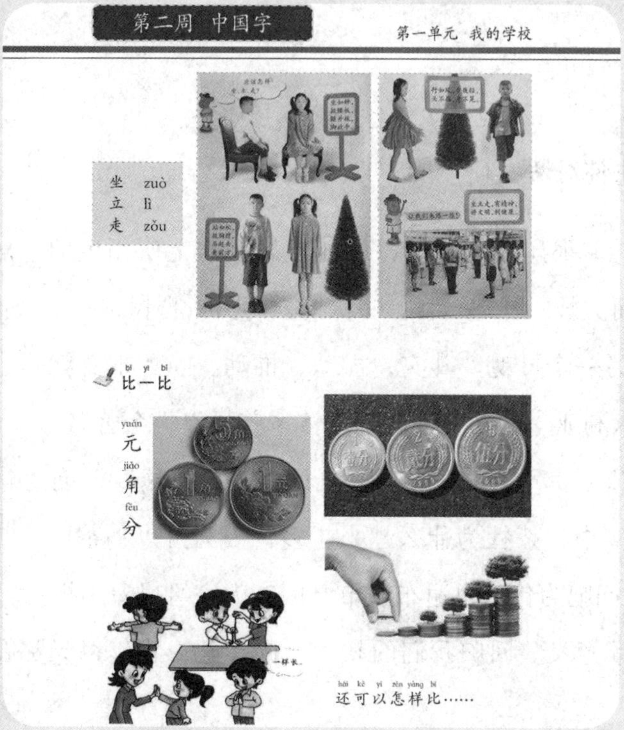
第二周 中国字

第一单元 我的学校

坐 zuò
立 lì
走 zǒu

比一比

元
角
分

一样长。

还可以怎样比……

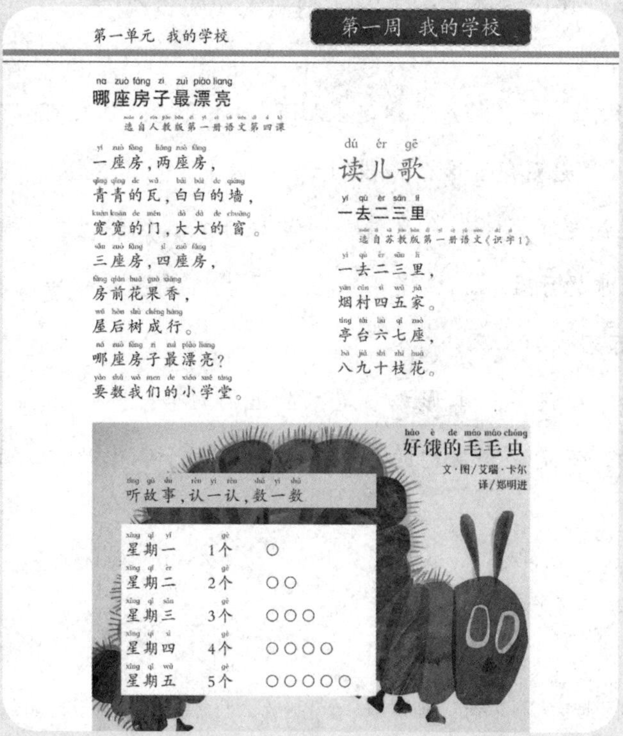
第一单元 我的学校

第一周 我的学校

哪座房子最漂亮

选自人教版第一册语文第四课

一座房，两座房，
青青的瓦，白白的墙，
宽宽的门，大大的窗。
三座房，四座房，
房前花果香，
屋后树成行。
哪座房子最漂亮？
要数我们的小学堂。

读儿歌

一去二三里

选自苏教版第一册语文《识字1》

一去二三里，
烟村四五家。
亭台六七座，
八九十枝花。

好饿的毛毛虫

文·图/艾瑞·卡尔
译/郑明进

听故事，认一认，数一数

星期一	1个	○
星期二	2个	○○
星期三	3个	○○○
星期四	4个	○○○○
星期五	5个	○○○○○

图 3-4　银城小学校本读物

（五）创生性对话

鲁迅曾语："那印象之自然，就如本来在木上所创生的一般。"创生，即创造产生，生而成长。有句名言：一棵树摇动另一棵树，一朵云推动另一朵云，一个灵魂唤醒另一个灵魂。其实，摇动、推动、唤醒本身就是一种创生。意大利瑞吉欧·艾米利亚[①]的幼儿教育理论体系曾提出一个著名的教育理念："接住孩子抛过来的球"。"抛球—接球—再抛球—再接球"，创生就诞生于这来来回回之中。现实中，茶社为什么越来越多？因为可以喝茶聊天呀，聊天比喝茶更有趣。书吧、问吧为什么也遍布城市？因为大家可以看书提问，从而产生想法，于是聊天聊出了意义。回归我们的教学，同样地，我们每天都在对话，每天都在对话中创生。

以丁晶晶老师在作文课上发生的一则"小插曲"为例：

> 作文课进行中，一学生突然站起来提了一个问题：作文可以编吗？
>
> 全班哗然，于是又有了这么一段对话：
>
> 生1：作文就是写真事，抒真情，小学生作文真实最重要，当然不能编。
>
> 生2：作文来源于生活，但是有时候为了表达效果，部分内容可以在真实生活的基础上进行艺术加工。
>
> 生3：神话、小说等艺术形式不是完全虚构的吗？
>
> 生4：不对，不是完全虚构的，都有生活的影子。因此作文不是编的，还是来源于生活。
>
> ……

---

① 瑞吉欧·艾米利亚是意大利北部的一座小城，坐落于意大利北部繁荣而发达的瑞吉欧·洛马格诺地区。从20世纪60年代初起，在洛瑞斯·马拉古兹（Loris Malaguzzi）等人的倡导和引领下，通过政府和民众的共同努力，该市的市立学前教育体系历经了30余年的演变，形成了一个独具风格、富有开创性的学前教育模式。

师：面对这个问题不少同学都表达了自己的想法，你同意吗？还有什么新的想法？我建议同学们课后再好好思考一下，不妨将这个话题深入讨论下去。

陆星宇也记录下了发生在其英语课堂的一段对话：

五年级第二单元的课题是 A new student，我拍摄了学校教学楼、音乐室、电脑室、阅览室等一些照片，通过提问，唤起学生对"there be"句型的记忆，从而为学生学习"there be"的一般疑问句打下了基础，新课进行得生动而有序。

正当学生分角色表演课文的时候，突然一个的声音怯怯地说："学校要是有更多的 computer rooms（电脑室）就好了"，接着一个孩子说道："我要更多的 music rooms（音乐室）"，一个更大的声音喊道"我要一个大大软软的playground（操场），这样跌倒了也不疼……"，孩子们咯咯地笑了。我没有制止这些孩子的"不和谐的声音"，微笑着问："What's your dream school？"（你梦想中的校园是什么样子的？）我静静地看着听着孩子们各抒己见，"我不想要冷冰冰的门，我想要常春藤缠绕的拱形门！""我想要……"孩子们真的就像一个个幻想家，我也不由得陶醉其中。几分钟后，我灵机一动，不如顺着孩子们的思维走下去，我提议马上开展一个以"争做银城设计师"为主题的校园规划设计大赛！

在 consolidation（巩固）环节中，我根据孩子们的兴趣生成了"I'm a little designer"活动，让孩子们做小小设计师，小组合作设计梦想中的学校，制作平面示意图，并向全班汇报。我先为孩子们做示范：

My dream school is nice and big.

There are many classrooms in my school.

There are two playgrounds,

and we can play football on the playground.

我把讲台留给孩子们，孩子们拿出笔和纸画出心中梦想的学校，并且拿着设计方案站到讲台前接受全班同学的询问。在这样的师生对话、生生对话过程中，孩子们不仅积极练习新学会的单词和句型，而且画出了一幅幅可爱新奇的图画，甚至描绘出了未来时空里学校的样子，我不禁感叹：孩子们的世界真是一切皆有可能！

课堂教学是一个动态生成的过程，再精心的预设也无法预知整个课堂的全部细节，有时可以巧妙地利用这些意外的"生成"，也许它们将成为课堂的一个预料之外的精彩之举。

（六）生活性对话

有人把生活比作果盘中盛着的收获与失落。不管怎么说，我们每天都在生活之中，一句话，一个动作，一张笑脸，一件事情，无不是生活。生活给了我们快乐，也给了我们烦恼；生活给了我们需求，也给了我们创造。映入孩子们眼帘的是生活的五彩斑斓，和生活对话也就成了必然。

这是孩子们发表在教学教材《数学与生活》的两篇文章的节选：

◆ 易拉罐中的立体数学

商家将易拉罐设计成这样一个圆柱体肯定是合理的，我能用我学习的关于长方体和圆柱体的知识求证出它的合理性吗？当体积是固定值时，这手中的这个雪碧易拉罐的耗材是不是最节约的？

图 3-5　测量易拉罐

首先我用直尺测出了这个装有330毫升（330立方厘米）雪碧的易拉罐的高，当我接着测量易拉罐的直径时，遇到了点小麻烦：仔细观察，易拉罐并不是一个完全的圆柱体，并且上下底面的面积并不相同，表面也不平整，两个底面的圆心用直尺不好测量，但我动了一下脑筋，用直径的计算方法（$d = L \div \pi$），直接测量它的圆周长就可以算出易拉罐的直径了。

——汤加珏

◆ 排座位的新依据

按身高来排座位，这样的排座位方法科学吗？同学们的身高和坐高是否成正比？怎样才是排座位的好方法呢？我决定好好研究一下这个问题。

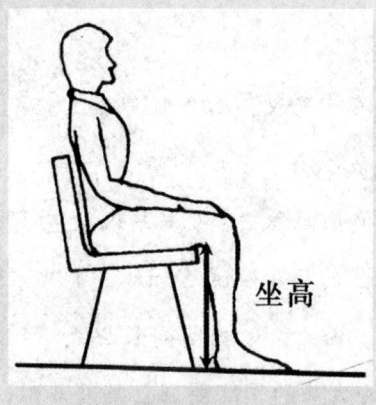

图 3-6　身高与坐高

经过多次统计、分析，我得出了以下的结论：

按照身高递增次序，前20名同学的身高和坐高相差较大，人数约占全班的38.5%；

按照身高递增次序，后32名同学虽然身高不断增长，但是坐高始终徘徊在110厘米至120厘米之间，人数约占全班的61.5%；

大多数同学的身高与坐高有一定的正向关系，但是绝对不是正比关系。因此，身高不能成为排座位的依据；

> 少数同学身高与坐高反差较大（比如我），是与其身体特点（尤其是下肢长短）密切相关的；
>
> 身高与坐高的关系不是个别现象，也不会是我们五（1）班的特例，应该是一个普遍性的现象。
>
> ——张泰来

电影《坎尼会战》讲述了公元前216年8月2日，迦太基名将汉尼拔与古罗马大军在坎尼城附近进行的一场震撼世界的"坎尼会战"。银城小学的谢宏昇同学在假期里看了以后，写下了这样一份研究报告：

◆《坎尼会战》与圆

看完这部影片我觉得不可思议，心里既佩服又怀疑：4万人真的能围住8万人吗？于是我动手算了起来：

假设1个人就是1个单位面积，8万罗马人被包围起来的时候，占地面积就是8万个单位面积。根据圆的面积公式 $S=\pi r^2$，可以计算得出罗马人被包围时包围圈的半径大约为160人。由此，依据圆周长公式 $C=2\pi r$，可计算得出罗马军队最外层人数约为1005人。迦太基的军队要围住罗马军队，最内圈至少需要 $2\times(160+1)\times3.14\approx1011$ 人。假设迦太基军队围了20圈，那么最外圈的人数为 $2\times(160+1+20)\times3.14\approx1137$ 人。迦太基军队要围住罗马军队的总人数 $=(1011+1137)\times20\div2=21480$ 人，剩余 $40000-21480=18520$ 人作为机动部队。

表3-1 两军士兵分布情况

项目 军队	参战总人数	合围后对阵人数	合围后正面交锋人数	机动人数
罗马军队	80000	80000	1005	0
迦太基军队	40000	21480	1011	18520

> 从表中可以看出，真正战斗杀敌的罗马人只有1005人，而迦太基人则有1011＋18520＝19531人。看来迦太基军队把罗马军队包围起来后，在正面战斗中还占有人数上的绝对优势。从这场举世闻名的"坎尼会战"中可以看出，军事中也包含了许多数学知识。
>
> ——谢宏昇

真有意思！易拉罐的设计是否合理？按身高来排座位，这样的排座位方法科学吗？4万人真的能围住8万人吗？一个个问题，犹如一场场对话，生活世界的异彩纷呈是孩子们对话的源泉。

值得一提的是，无论是自我对话，文本对话，还是交界对话，他们都不是界限分明、各行其是的，而是你中有我，我中有你，密切联系，相互影响，共同构成了错综复杂的对话教学的实践形态。

三、五力指标

（一）听辨力

听辨力，既听又辨，是心理语言学中研究语言理解的重要内容。目的在于揭示从对语音信号的确认、加工，到言语内容的理解，再到言语意义的建立过程。简单说，就是对口头语言的感知能力。听，是指内化的吸收；辨，是指在听的基础上对语言的分析。小学教学中的"听说读写"，听始终是被排在第一位的。语言学家认为，说的能力和听的能力是密切相关、相辅相成的，人们只有听懂，才能说清，才能表情达意，从而充分发挥语言的交际作用。当然，我们要关注儿童对语言的感悟性，即对语言的感知能力；对语言的适应性，即对语言的高低、快慢、语句的长短的分辨；对语言的理解性，即对语言内容、情感、意义有一定的理解；对语言的敏锐性：对语言的内容，包括一些细微的变化做出反应。

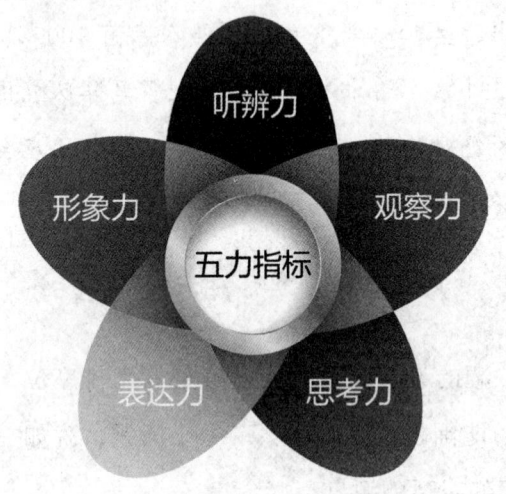

图 3-7　解构"五力指标"

银城小学对听辨力的具体指标为：
◆ 愿意听别人说话
◆ 能听懂别人说话
◆ 能认真地听完别人的话
◆ 能正确理解口语信息及语言暗示

（二）观察力

相信看过《福尔摩斯探案全集》的朋友都知道这样一个场景：在福尔摩斯第一次与华生见面时，就立刻辨别出华生是一名去过阿富汗的军医。福尔摩斯为什么能够那么快地辨别出来面前的这个人就是一名军医呢？就是通过观察。观察力是一种有意识、有目的、有组织的知觉能力。对话是需要观察的，观察的条理性，是我们对话学习不可缺少的心理条件，它有助于我们获得系统化的知识；观察的理解性，使我们通过对话学习获得的知识获得深入理解，而不至于生吞活剥，囫囵吞枣；观察的敏锐性有助于我们对话学习的准确、生成、创造，而不至于似是而非,以假乱真,错误百出,错漏丛生。在学习中,我们必须把观察力的各种品质结合起来,按照预定的目标去获得系统的、理解的、深刻的、真实可靠的感性知识。

> **银城小学对观察力的具体指标为:**
> ◆ 对事物感兴趣
> ◆ 能按顺序观察
> ◆ 观察要抓细节
> ◆ 有丰富的联想

(三)思考力

思考看上去很神秘,看不见,摸不着,来无影,去无踪,但它却是实实在在存在,并起着非常重要的作用。无论是儿童的学习生活,还是其长大成人后的工作活动,都离不开思考。"学而不思则罔,思而不学则殆""旧书不厌百回读,熟读深思子自知""三思而后行"等都是古人留给我们的财富。肖恩认为"学生就像一棵树,成绩只是暴露在地表外的枝桠,思维模式才是深埋地下的树之根本。"因此,在小学阶段,银城小学特别强调培养学生关注问题、引发问题、制造问题、多角度地解决问题的能力,从而引导他们在问题中提升理解、分析、综合、比较、概括、抽象、推理、论证、判断等方面的能力。

> **银城小学对思考力的具体指标为:**
> ◆ 会问"为什么?"
> ◆ 有较强的问题意识
> ◆ 有自己的观点
> ◆ 能生成新的想法

（四）表达力

　　表达力即用外部的行为（语言、神态、身段等）把思想表达出来的能力。骆宾王7岁时便作了《咏鹅》诗："鹅鹅鹅，曲项向天歌，白毛浮绿水，红掌拨清波。"全诗清朗如画，对于色彩、形态词汇的使用几近炉火纯青。在日常生活中，有"伶牙俐齿""口若悬河"的人，也常遇到"口拙舌笨""不善言辞"之人。其实，在孩子的成长过程中，语言的掌握是一大分水岭。它标志着孩子大脑的显著发育，思维能力的基本成形。孩子表达得准确吗？说清楚了吗？表达得有条理吗？能吸引别人吗？语言的周密性、连贯性如何？可见，表达力的评价维度非常多元，表达力的培养对孩子的成长十分重要。

> 银城小学对表达力的具体指标为：
> ◆ 能选择话语形式
> ◆ 能把话说清楚
> ◆ 语言有适当的幽默感
> ◆ 能将口头语言转换为书面语言

（五）形象力

　　《赢在形象力》这本书是华人世界最知名的形象管理大师李昀老师所作。他开创性地将吸引力法则引入形象管理：一个想成功的人，先要相信自己就是成功者，必须先将自己装扮成自己心目中成功者的样子，包括衣着、谈吐、礼仪等，以自己最好的状态与人接触，一定能够获得更好的机会，获得更多的肯定，如此良性循环下去，有助于提升自信，在职场上稳扎稳打，将成功吸引到你身边。同理，对话亦是如此。对话者的外表形象如服装、个人面貌、体型、发型等，对话者的行为表现如声音、手势、姿势、动作等，当然还有一些隐性的因素，都会影响到对话的进行、对话的质量。

> **银城小学对形象力的具体指标为：**
> ◆ 自信不害怕
> ◆ 能尊重别人
> ◆ 心平气和
> ◆ 能借用肢体语言

第二节　对话教学课程实施原则

CC课程、对话形态、五力指标三大板块构成了银城小学的学校课程，本课程聚焦"对话"，改变关系，创造"可能"，培养"五力"，让世界看我们，让我们看世界，让可能激发自信，让自信创造可能。

一、教学目标原则

银城小学的教师在实际教学中一直遵循以下四条原则，来制订教学目标：

第一，以"国家课程标准"为纲，课程标准是教师制订教学目标的主要依据。

第二，以"六大核心素养"为标准，着力加强学科素养。学科素养包括学科知识、学科能力、学科感情、学科思想等几个方面，每个学科都有不同的达成目标。

第三，以"对话"精神为观照，对话在课程之中，要借助课程，运用六种对话形态与和谐多边关系，来探究学习的最近发展区。

第四，以"创造可能"为信念，儿童存在着各种各样的可能性，教学的任务就是提供可能、在可能中享受学习的快乐。

以下这组对语文教学目标的研究案例，就充分体现了上述四点原则。

对于语文学科来说，教学目标的制订应先从深入地解读文本，确定本课的核心目标开始。解读文本需要读作者、知背景、品文字、观表达，然后从丰富的体认中抽丝剥茧，依据年段特质找到教学的线索，方能准确地制定教学目标。

从以上研究中我们看出：教学目标的制订，首要依据是语文课程目标，其次是学情、文体、教材、教师自身等。语文课程目标是过滤器，帮助教师滤除那些不符合要求的教学目标；而学情、文体、教材、教师自身等则是生成器，帮助教师生成具体的教学目标。当然，语文课程目标是确定教学目标时必须共同遵守的准则，而学情、文体、教材、教师自身等，则或选其一，或选其二，侧重点可以有所不同。

根据"简约集中，一课一得或一课几得，人人有得"的原则，特提出如下要求：

1. 教学目标的制订依据必须是课标、教材、学情，充分体现个性化。
2. 教学目标的表现形式以文字表述为主，但达成结果要有一定的数据量化。
3. 教学目标的表述应简洁、清晰，一目了然。
4. 教学目标应涵盖双基、思维、课题研究及情感、态度、价值观。
5. 教学目标可设定3~4个，但必须具体，无虚化、泛化。
6. 教学目标不照搬教参，根据学情分层设计。
7. 教学目标是可考核的，知识的达成率目标为80%，技能的达成率目标为50%，思维含量要达50%。

以上研究案例从一个侧面反映了课程目标落实到教学目标上，还存在着诸多问题，我们有必要不断地学习、研究、实践。课堂是学生、教师、教科书编者、文本之间的多重对话，是思想碰撞和心灵交流的动态过程。教学目标应关注每一个学生的发展，创设对话和交流的平台。

二、三位一体原则

在课程实施中，我们往往会顾此失彼；而如果能够将 CC 课程、对话形态、五力指标作为一个整体呈现，践行"三位一体"原则，就能实现对话教学的一体化。一体化是指多个原来相互独立的元素通过某种方式逐步结合成为一个单一实体的过程。一体化既是一种融合，也是一种全面的互动。

首先，课程是基石。建构主义强调，学习者并不是空着脑袋进入学习情境中的。在日常生活和以往各种形式的学习中，他们已经形成了相关的知识经验，他们对任何事情都有自己的看法。课程要重视孩子们已有的知识经验，并把这些经验作为新知识的生长点，引导他们从原有的知识经验中，生长新的知识经验。

其次，形态是路径。不管何种对话，都是通过一种或多种形态表现的。六种对话形态借助课程为对话教学提供了路径，儿童是课程的参与者，在与文本对话等各种形态中体验着知识的蕴意，实现着自身经验的更新。此时，课程已不仅仅是知识的传递，而是知识的处理和转换。

最后，我们追寻课程，研究对话，正是为了实现儿童的发展。2016年9月13日，中国学生发展核心素养研究成果发布，其总体框架是以培养"全面发展的人"为核心，分为文化基础、自主发展、社会参与三个方面。综合表现为人文底蕴、科学精神、学会学习、健康生活、责任担当、实践创新六大素养。银城小学一直在三位一体中寻找到学科教学与核心素养的联结点、触发点、结合点、落实点。因此，我们重点关注以下两个方面。

一是课堂管理。具体是指教师为了有效利用时间、创设良好的学习环境、减少不良行为而采取的各种活动和措施。在课堂教学中，教师除了"教"的任务外，还有一个"管"的任务，也就是协调、控制课堂中各种教学因素及其关系，使之形成一个有序的整体，以保证教学活动的顺利进行。这一活动即为通常所说的课堂管理。

银城小学提出了"双八条",分别从教师的形象和课堂的要求为课堂管理制定了简单明了的规则。

课堂教师形象	课堂管理
1. 着装大方清新。	1. 有积极的课堂规则。
2. 课堂指令流畅到位。	2. 善用非语言姿态。
3. 适度表扬和批评。	3. 增加参与,保持动量。
4. 巧用"导入"。	4. 学会移情,和谐关系。
5. 和学生约法三章。	5. 维持团体的注意焦点。
6. 制造课堂惊喜。	6. 尽量避免微波效应。
7. 不处理个别问题。	7. 营造积极的课堂气氛。
8. 动静调节合理。	8. 依据课程排列座位。

二是对话设计。如同课堂管理,要求可以很多,但作为三位中的重要的"对话",该如何设计对话,搭建对话的平台,实现课程的一体化呢?让我们走进老师的课堂。

周姝老师在组织教学"直线、射线和角"时,基于儿童的前理解,以问题为思维导向,组织学生基于已有经验,依靠原认知能力,形成对问题的感知,提出他们的假设。

王惠老师在组织教学"不一样的儿童诗"时,鼓励学生自由选择喜欢的方式阅读文本,在具体的语言材料中感受谢尔独特的表达,鼓励儿童个性化的阅读。

李文老师在组织教学"设置幻灯片背景"时,对于学生的作品,学生可以自由发表评价,让学生通过大家的评价不断修改自己的作品,让课堂的生长随

> 着学生的思维生长而生长。
>
> 王惠老师在组织教学"不能告诉你"时,由学生自己尝试设计动作、模仿声音、感受音乐,通过孩子的参与,开拓思维、调动兴趣、积极表达活动体验的感受,与伙伴共同分享音乐带来的快乐。
>
> 程金晶老师在执教"倍的认识"一课时,采用板块化的设计方式,以学生的学习为主体,清晰地设计贯穿全课的问题,把更多的时间留给学生,让学生在交流、讨论、共享的过程中成长。
>
> ……

从自己的起点出发,选择性学习机会,学好玩的数学,在演中玩、在演中学,设置不同难度的练习,观察、猜测、验证、调整、结论……一个个平台,一场场对话,一个个可能,连着课程、连着"五力",三位一体,学生的创造力在这里绽放。

三、意义建构原则

因为对话的存在,我们谈课程实施原则,就不能回避意义建构。学生是认知主体,是意义的主动建构者,学生对知识的意义建构是学习过程的最终目的。在这个过程中,学生需要主动搜集并分析有关的信息和资料,对所学习的问题提出各种假设并努力加以验证;发现、探索知识之间的各种联系,通过协作与对话,寻求共同的认知。意义建构是主动的、深度加工的学习,同时又是一个动态的过程。它可以在具体的文本中,可以在场景的体验中,可以在孩童的交往中,也可以在大千世界的无穷变化中……

(一)情景中的意义建构

教学过程中,教师有目的地引入或创设具有一定情绪色彩的、以形象为主体的生动具体的场景，比如课内游戏、角色扮演、诗歌朗诵、绘画、体操、音乐欣赏等，以触发学生一定的态度体验，从而帮助学生对所学内容进行意义建构。

我们曾经以"海洋"为题，请老师们从学科的角度创设情境：

> 语文学科怎么体现"海洋"主题呢？我创设了音乐、绘画、文字以及视频相结合的情境来展开"海洋"一课的教学。千百年来，大海已经形成了宽广、渊博、深沉、热情、开拓进取的意象特征。我们人类从大海里获得丰富资源的同时，更从大海那里获得了智慧的力量。海洋已经成为各种艺术领域都会涉及的一个主题。在教学中，我先用世界名画中的海导入，引导学生观察绘画作品中不同样子的海，让学生初步感受海的宽广、壮阔、汹涌、澎湃……让学生结合图画畅谈有关海的生活记忆，以此调动学生的学习兴趣。然后带着学生品读具体的语言文字，去感受诗歌中的海，散文中的海，我将巴金《海上日出》中描写日出时分的海这一片断作为重点，并通过视频将这壮丽的景象呈现出来，引领学生品读和感悟大海的意蕴。学生入情入境，受到了感染。于是我趁热打铁，在音乐的奏鸣中，让学生感受月光下平静安详的海、暴风雨中汹涌澎湃的海。这一节课，从多个角度切入，给了学生全面的感受，培养了学生热爱海洋、保护海洋的意识。
>
> ——王倩
>
> 如何在英语课呈现"海洋"主题？拿到这个主题，我的脑海中立刻浮现出了英语绘本教学的思路。绘本是孩子们喜闻乐见的形式，英语作为外语，绘本可以帮助孩子更好地理解和学习语言。一番精挑细选，终于我选定了 I'm the biggest thing in the ocean 这本书，我喜欢把它翻译成"海洋我最大"，这本书讲的是海洋里一只洋洋得意的巨乌贼被鲸鱼吃掉的有趣故事。首先我用简笔画在板书上呈现出海洋的环境，让孩子们一进入课堂就有探秘海洋世界的氛围。几组生动的海洋图片配上海浪起伏的音乐，将孩子们带入海洋的情景。接着我

带领他们进行趣味耳语游戏，让孩子们一下子认识了海洋里的几个可爱的生物。这时候，故事的主角巨乌贼出现啦！逐页翻动的电子书，配上诙谐有趣的声音，让孩子们认识了一个洋洋得意的巨乌贼。读懂绘本后，孩子们又借助老师带来的巨大乌贼玩偶，化身巨乌贼在深海中遨游。孩子们玩得十分投入，用流利的英语和丰富的肢体语言还原了巨乌贼在海中称王称霸却最终落入鲸鱼腹中的有趣故事，让人看了都不由得捧腹大笑，对孩子们的表现啧啧称赞。

——张叶露

　　数学学科怎么体现"海洋"主题呢？我创设了由投飞镖、数方格、创设图形及视频等活动相结合的情境来展开海洋一课的教学。海洋是这节课的主题，又要体现数学性，我想到了与之相关的概率知识、面积知识、海平面上升的距离与周期时间知识。在教学中，我先让孩子们在世界地图上投飞镖，通过概率的知识让他们感受海洋的面积比陆地大很多。接下来放一段海平面上升的视频，通过让他们计算海平面上升的距离和时间，让孩子们感受温室效应的危害，在情感上增强对保护地球环境的认识。在此内容的设计中，主要应用了概率的知识、计算器计算的知识和孩子们已经学过的求不规则图形面积的知识。在最后的环节中，我让孩子们用格子纸数出四大洋所占的方格数，再告诉孩子们每个方格代表的实际面积，不要拜拜们于是能够求出四大洋的实际面积，他们求出后有很强的满足感和自信感，最后让他们自主设计不同面积的图形，有的孩子设计了变形金刚，有的孩子设计了手枪，还有的孩子设计了蝴蝶等动物图，学生的思维也因自主创设图形而得到开阔，所以，这节课不仅是一节海洋主题的教学课，也是一节融合了学生的自主操作、自主设计、保护环境的情感教学的综合课程。

——左烨

　　体育学科结合学生身体的各项素质练习，与海洋主题紧密相连，采用情景教学方式，引导学生在海洋世界中享受快乐，主题为"海底总动员"。在课的

> 开始创设海洋情景,引导学生想象自己是海里的哪一种生物,可以是鲨鱼、海龟、海星、海豚、水母等等,尽情畅游。通过跳一段"海洋动物操",让学生在海洋中充分活动身体,为接下来的课堂做准备。提问学生,海洋中最凶残的动物是什么?引导学生思考,鲨鱼在海洋中会追捕其他动物,而不是鲨鱼的我们如何不被鲨鱼吃掉?与快速跑的练习进行结合,海洋中的我们要游的很快才不会被抓住。两臂快速摆,两腿自然抬,前脚掌着地,跑得快又直。为学生分配角色,一排海鱼,一排鲨鱼,进行海洋世界的比赛。在课的最后,海洋总动员迎来了"拉网捕鱼"的游戏,在海洋世界中,尽情地畅游,用智慧躲避着外界的各种危险。本节课以海洋总动员为主题,引导学生认识海洋生物,学会团体合作,快乐学习。
>
> ——时露

(二)合作学习的意义建构

国内外多年的合作学习实践已经证实,合作学习能激发学生发挥出自己的最高水平;能促进学生间在学习上的互相帮助、共同提高;能增进同学间的感情交流,改善他们的人际关系;能提高学生的学习能力和效率,学习小组成员之间通过讨论与辩论,学习者的思维成果(智慧)为整个学习群体所共享,因此合作学习是达到意义建构的重要手段。

吴悦老师在教二年级学生原地运球时,将"大家来找茬"这个生活中的娱乐游戏活动引入体育课堂:学生找老师的茬,体现的是趣味的思维空间,提高了学生对运球的认识;学生找学生的茬,体现的是轻松的思维环境,让学生们能够帮助别人,提高自己;同质分组找茬,体现的是平等的思维氛围,技能迁移,悦纳伙伴的帮助。

> ◆ 游戏：大家来找茬
>
> 1. 学生找老师的茬
>
> 在学生初步了解动作要领及初步体验技术动作后，我安排了第一次"学伴来找茬"——学生找教师的茬。我有意做一些错误的运球动作，孩子们兴奋地高举小手，七嘴八舌："老师，你五指没分开""老师，你掌心没空出""哈哈，老师，你的手太僵硬"……
>
> 2. 生找生的茬（一对一）
>
> 学生前后两人随机分组游戏。孩子们刚刚找老师茬的热情余温犹存，现在游戏伙伴又换成了同学，新鲜劲更足了。就看他们一个仔细找茬，一个迅速改进动作不让对方找茬，玩得非常开心。
>
> 3. 生找生的茬（一对多）
>
> 根据运球能力学生同质分成两大组，分别围绕不同难度的运球练习内容进行找茬游戏。
>
> 蓝队练习内容：原地运球→蹲着运球→脚不动地运球→自己喊口令高低姿运球。
>
> 红队练习内容：脚不动地运球→坐在地上运球→听口令高低姿运球→左手运球。

王宏老师在教学苏教版语文第五册的课文《第八次》时，学生一开始的感受很浅显——"蜘蛛七次结网失败，布鲁斯七次战败，同病相怜"。但在小组交流、大组碰撞的整个过程中，学生的认识得以提升，意义也得以重整和重建。他们的思维也从浅层思维渐渐走向了多元化，从孩子们的发言中可以看出这样的过程。

> 生1：我们小组觉得蜘蛛结了断，断了结，七次织网都失败了，这与布鲁斯七次打仗都失败了可谓同病相怜，所以布鲁斯很是感动。

生2：我们组觉得蜘蛛和布鲁斯的境遇都很惨，所以布鲁斯会受到触动。你看，蜘蛛结网是在磨坊的某个角落里，更重要的是还有大风袭击，生活环境是多么恶劣呀！这与七战七败后的布鲁斯的处境是多么相似。

生3：我感受到蜘蛛结网太不容易了，蜘蛛是弱小的，而吹破网的风很大，两者形成了强烈对比。

生4：布鲁斯之所以七战七败，主要的原因也是侵略军很强大，布鲁斯指挥的军队不能一下子将其赶出苏格兰去。

生5：最令布鲁斯感动不已的是蜘蛛的态度，遭遇屡次失败时它并不灰心。这一点对布鲁斯触动最大，点燃了他的信心之火。

生6：我们小组想补充，布鲁斯是无意中看到蜘蛛结网的。因为他心里想着国家，所以才能从蜘蛛的成功中体悟到坚持和信心的重要性，才能对这样的小事"感动极了"。

香港的教育同行曾经总结了这么几个合作学习微策略：

◆ 小编号

1. 教师给每一位组员一个编号。
2. 各组员按编号要求完成任务。
3. 教师随机说出一个编号，此学生汇报任务达成情况。

◆ 彩色笔

1. 组员各有一支不同颜色的笔。
2. 根据任务设计主题。
3. 组员用彩色笔围绕主题设计思维导图。

◆ 圆桌会

1. 每组围成圈，准备一张纸、一支笔。

2. 第一位组员在纸上就每一个思维导图写下意见，然后在小组内朗读。

3. 第一位组员把笔传给坐在他（她）左边的组员，让对方写上意见。

4. 活动继续直至其他组员都轮流写上了自己的意见。

◆ 讨论组

1. 学生按兴趣选择不同的讨论组。

2. 学生自由选一位相同兴趣的同学，两人一组，就有关主题进行讨论。

3. 教师可接受邀请，参与讨论。

4. 个人返回原来的小组，并说出自己的修改意见。

银城小学为了满足对话的需求，也建构了具有校本特色的"银城小学对话教学互学系统"：

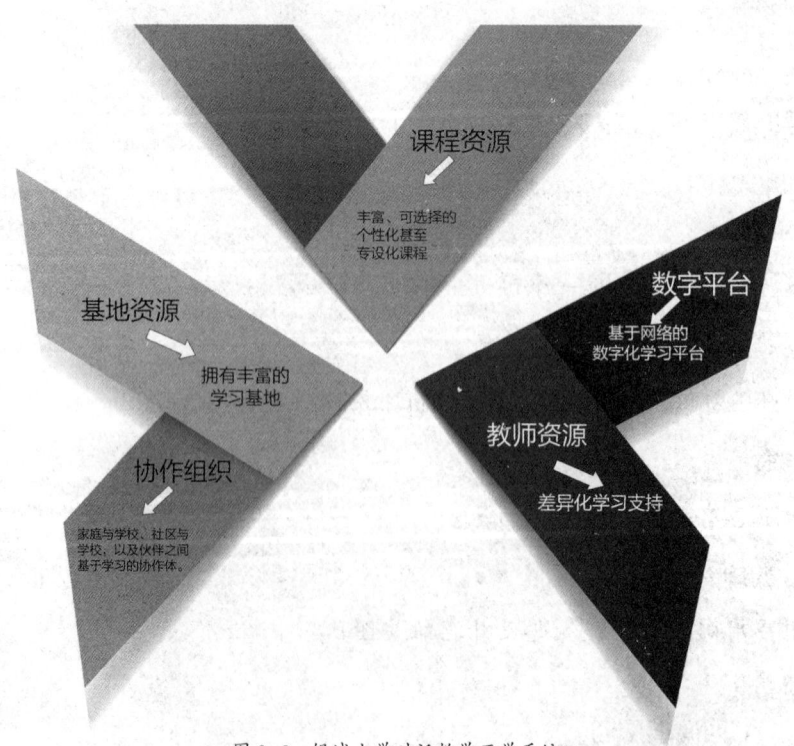

图 3-8　银城小学对话教学互学系统

第三节 对话教学课程活动设计

任何课程的实施,都以师生活动的形式进行呈现,这构成了师生教育生活的主要方式。静态的知识转化为有序的活动过程,其实是教育价值的感知、体验与内化的过程,也是有意义的对话教学过程。如何对课程活动进行设计,反映了教师的课程素养。

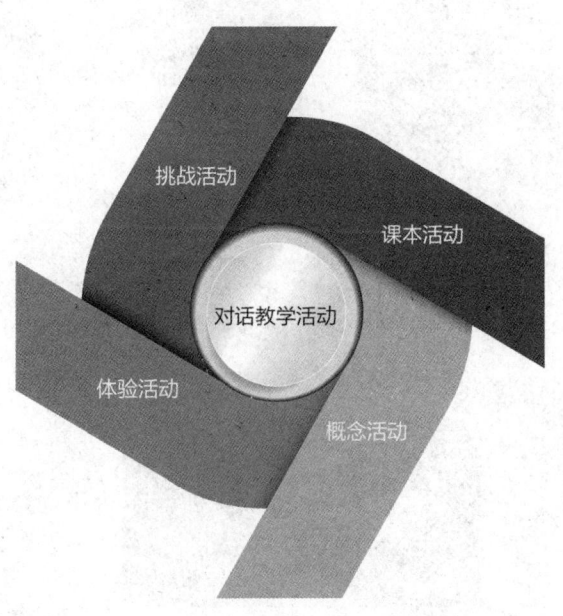

图 3-9 银城小学对话教学课程活动设计

一、课本活动

课本,通俗地说就是在学校使用的书籍,也叫"教材"或"教科书"。它是教师教育学生的蓝本,也是师生进行教学互动必不可少的工具。它能提供丰富的阅读材料,营造自主学习的情境,促进学习方式的改变,是帮助师生认识世界、获得发展的一种媒体。小学语文、数学等 10 多门教材均是以国家课程标准等政策文件为指导来编写的,系统反映了小学学科内容的文本材料。随着教育改革的深入,教材都注入了活动的元素。

以苏教版《语文》四年级上册为例,课本提供了阅读理解、处处留心、口语交际、做做说说等多种学习活动。

图 3-10 小学语文课本中的课程活动设计

以苏教版《数学》四年级上册为例，课本提供了试一试、动手做、实验讨论等多种学习活动。

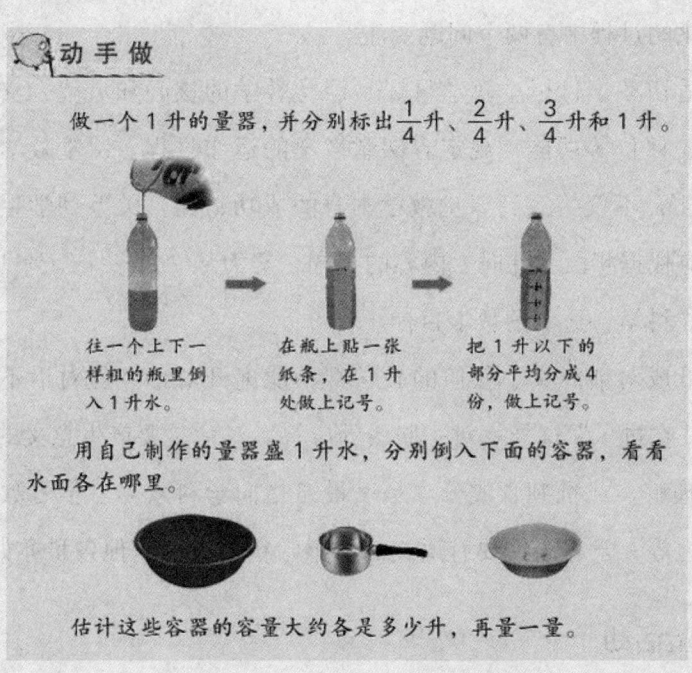

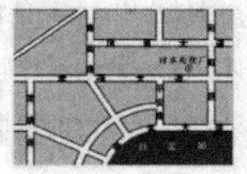

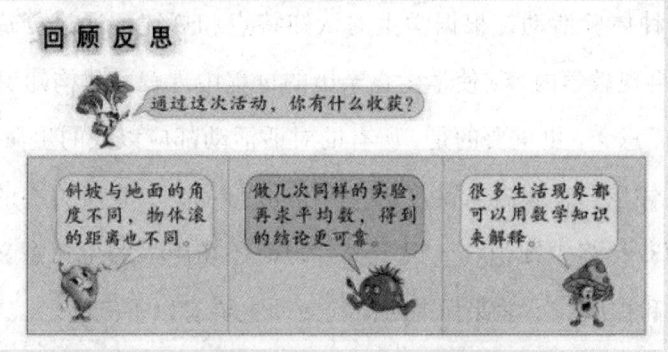

图 3-11　小学数学课本中的课程活动设计

课本本身包含了游戏、操作体验、对话交流、纸笔练习等活动，回应这些课本活动的是教师的二次创造，即将课本的活动素材，经过加工，转化为教学活动。在转化的过程中有两个问题要注意：

一是要适切教学目标。教学目标是课堂教学的核心和灵魂，它具有导向、调控、激励、评价等功能，规定着课堂教学的运作过程。课堂教学目标能否得到很好的落实，不仅关系到课堂教学本身的成功，而且关系到学生学习效果的高低。我们应根据年段、课时、内容的不同，努力从"每一个"到"这一个"，制订出具体、科学、适切的教学目标。

二是要形成对话意义。任何的教学都不能离开对话。但对话不是"你吃过饭了吗？""吃过了"这样一对一肤浅的应答，对话是要产生意义的，或情感、或品赏、或理解、或批判、或分享……最终指向学科素养。学习数学要有数学的知识、能力等，学习语文要有语文的情感、精神等，其他各科亦如此。

二、体验活动

在课程的学习过程中，我们能体验到自然的存在，人物的情感，历史的厚重；而当把课程延伸开去，我们又体验到了学习即生活，体验到思想认识的变化、动手制作的快乐、美好事物的记忆等等。随着时光流逝，我们亲身体验到的内容越来越丰富。

对话是一种体验活动，根据学生的认知特点和规律，通过创造或重复有关情境，呈现或再现教学内容，使学生在亲历的过程中理解并建构知识、发展能力、产生情感、生成意义。更重要的是，所有的对话活动都应以人的生命发展为归依，尊重生命、关怀生命，蕴含着高度的生命价值与意义。它所关心的不仅是人可以经由教学而获得多少知识、认识多少事物，还在于人的生命意义可以经由教学而获得彰显和扩展。小学课程中的体验活动主要有以下三类。

（一）体验人物

以小学三年级上册语文课本为例，24 篇课文中有 9 篇是描写人物的：有敢和东海龙王斗一斗的哪吒，有做手术拒用麻药、痛剜 72 刀未出一声的"军神"刘伯承……读着这些课文，我们有时穿越到远古时代，有时又回到现实世界，有时我们和他们一起悲、一起乐，有时我们会问无数个"为什么"，想一探究竟。我们不仅仅是在阅读人物的故事，更是在这个过程中体验人物的心路历程，体验人生的酸甜苦辣。

在另一个叫作"护蛋"的活动中，小男孩、小女孩要学着怀孕的妈妈，把鸡蛋护在怀里，挺着大肚子坚持一整天不能让鸡蛋破碎。同学们参加完这次活动以后都感触颇深。

> 在路上，我故意比平时走得慢，手一直放在口袋里抓着那个鸡蛋，生怕走快了鸡蛋会从口袋里蹦出来。走进教室，我小心地绕过那些正在玩耍的同学们，慢慢地坐回座位上。上课时，我心里总想着那个鸡蛋，几次忍不住又伸手到口袋里摸摸看鸡蛋还在不在。课间休息时，同学喊我一起踢球玩，我刚站起身准备活动活动，忽然又想起了口袋里的宝贝，只好说"不去了，我要照顾好口袋里的鸡蛋"，然后攥紧鸡蛋又赶紧坐下了。"那是你的孩子吗？"他们嬉笑着跑出去玩了。望着他们奔跑玩耍那么开心，我真的好羡慕，拿出那枚鸡蛋愤愤地说："你看看，为了你我好辛苦，都不能好好玩耍了，还要被他们取笑！"忽然，我反应过来，保护鸡蛋这么辛苦，妈妈照顾孩子应该更加操劳，看来爸爸就是想通过这个活动要我体验一下父母养育孩子的艰辛呀。
>
> ——奚粲宸
>
> 周六早晨一起床，我就把网兜挂在脖子上，开始了一天的护蛋行动。吃完早餐，我乘车去上英语课，公交车还没停稳，大家就一拥而上，我赶紧用双手

小心翼翼地护好蛋，生怕被挤碎了。上了车到了座位上，我把蛋放在腿上，两手拱起轻轻地护着它，像是为蛋撑起了一个"家"，生怕蛋会滚下去摔碎了。在幽默风趣的外教课上，我因为担心蛋会破而不敢蹦跳、不敢游戏，只能安静地坐在位子上看别人玩，同学们都向我投来惊奇的目光，我只能指指胸前的蛋："护蛋，我在护蛋！"中午回到家，奶奶做了一桌我爱吃的菜，可是都离我太远了，我怕一不小心蛋磕到桌子边儿就破了，都不敢站起来夹我爱吃的菜，只好吃面前的青菜。下午我睡了一觉，睡觉的时候一直不敢翻身，不敢乱动，生怕压着蛋，这一觉睡得可真不舒服。

　　好不容易挨到了晚上，提心吊胆的一天终于要结束了。正在我得意时，突然接到爸爸的视频电话，我一个兴奋往沙发上一扑，只听见"啪"的一声，这才想起了胸前还有一个蛋，我赶紧打开看，鸡蛋已经碎得不成样了。护蛋可真不是一件容易的事，我这才护了一天就觉着太受拘束太辛苦了，更何况妈妈还要怀胎十月，吃尽苦头将我们带到这个世界上，再含辛茹苦地将我们养大，多么不容易啊！

——余芝菲

（二）体验场景

　　除了体验不同的人物以外，同学们还能在课本中体验到不同的场景。以五年级上册数学课本为例，一组组数字中便能够编织一个个令同学们身临其境的场景。

　　问题一：城西广场是1路和2路公共汽车的起始站。1路车早晨6时20分开始发车，以后每4分钟发一辆车。2路车早晨6时30分开始发车，以后每5分钟发一辆车。这两路公共汽车几时几分第一次同时发车？

　　问题二：小华看到远处有闪电，3秒钟后听到雷声。已知雷声在空气中传播的速度是0.33千米/秒，闪电的地方离校华多远？

"广场""汽车""发车""时间""数字""电闪""雷鸣""传播速度"等等，构成了一个个生动的场景，孩子们不但需要置身其中，还要从场景中走出来，并进行计算、答题——好一个体验的过程。

（三）体验社会

社会是最好的体验场所。

在2014年南京夏季青奥会的现场，我们装扮成非洲人，开设了马拉维小屋；在南京鼓楼区的龙江市民广场，我们放歌"快闪"①；在新街口的闹市区，我们喊着"卖报啦，卖报啦！"，体验着报童的生活；在南京博物馆里，我们做小导游，为游客讲解南京云锦；在金陵图书馆里，我们做志愿者，归还整理，送图书回家……

三、挑战活动

> 孩子在学习、成长的过程中会遇到各种各样的问题，挑战活动的设置就是为了帮助孩子们挑战自己。挑战自卑，自卑就变成了自信；挑战困难，困难就变成了成功；挑战可能，可能就变成了现实。挑战的核心其实就是创造可能性。什么是可能性？可能性是未来性，是不确定性。而"可能"说到底就是郭思乐先生说的每一个学生的"深度自然与创造潜能"。专注学生的可能性就是关注学生的未来，关注学生在未确定性下的发展，关注他的生命潜能的极大开发。
>
> ——摘编自成尚荣《基于核心素养的儿童可能性教育》

---

① "快闪"是"快闪行动"的简称，是最近在国际流行的一种嬉皮行为，可视为一种短暂的行为艺术。快闪成员利用网络或其他方式，约定在指定的地点和时间，出人意料地同时做一系列指定的歌舞或其他行为，然后迅速离开，而成员之间基本互不认识。

小学生可以在音乐厅召开钢琴会吗？

——银城小学十岁的吴莹在南艺的音乐厅召开钢琴演奏会，引起轰动。

小学生可以画漫画，出版画册吗？

——银城小学龚力康已经出版了第三本漫画册。

小学生可以当全国冠军吗？

——银城小学的乒乓球、独轮车都得过全国冠军。

小学生可以参加全球创客马拉松吗？

——银城小学缪斯睿作为全球最小的创客参加比赛。

小学生可以在青奥新闻发布会上发言吗？

——银城小学郑雅之作为唯一一名小学生在青奥新闻发布会上作为发言人，用中文、英文、法文向全球直播青奥活动。

千人的会场上，学生可以当众向校长提问吗？

——在江苏省教育家论坛上，银城小学的叮当辩手们大胆地向校长提问。

小学生可以参与管理学校吗？

——银城小学的"学生校长"，可以自信地说："我们可以！"

小学生可以登上美国纽约时报吗？

——银城小学郑冰冰被评为"国际童星奖"登载在纽约时报等八大刊物上，是纽约时报登载的最小中国儿童。

四、概念活动

概念是人对能代表某种事物或发展过程的特点及意义所形成的思维结论。就学校而言，每一个概念都是一系列有序的、可组织的、有目标的设计活动，它表现为一个由粗到精、由模糊到清晰、由具体到抽象的不断进化的过程。某种意义上，概念推进着学校的进步。一个概念，一个平台；一个平台，多种活动。

（一）两片叶子

"世界上没有两片完全相同的叶子"，这句话源自一个美丽的故事。德国哲学家莱布尼茨曾经当过"宫廷顾问"，有一次，皇帝让他解释一下哲学问题，莱布尼茨对皇帝说："任何事物都有共性。"皇帝不信，叫宫女们去御花园找来一堆树叶，莱布尼茨果然从这些树叶里面找到了它们的共同点，皇帝很佩服。这时，莱布尼茨又说："天地间没有两个彼此完全相同的东西。"宫女们听了这番话后，再次纷纷走入御花园去寻找两片完全没有区别的树叶，想以此推翻这位哲学家的论断。结果大失所望，不细看的话，树上的叶子好像都一样，但仔细一比较，却是形态各异，都有其特殊性。

以"两片叶子"命名银城小学语文校本课程，旨在搭建一个平台，让孩子们"找树叶"，在两片叶子中开出不同的花，结出不同的果，从而体验事物的多样性，学会多角度地看问题。

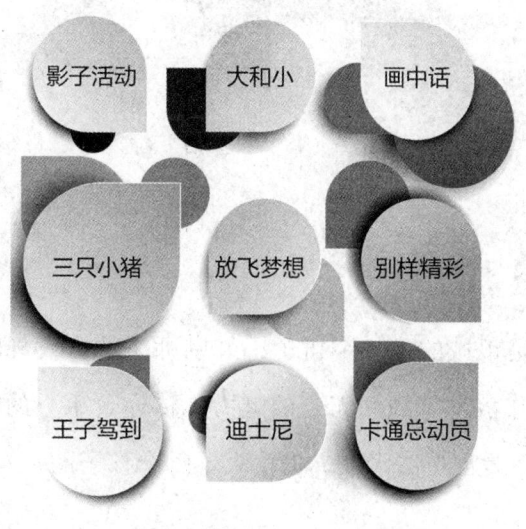

图 3-12　银城小学"两片叶子"语文校本课程活动

（二）数学工坊

工坊本意与作坊很相似，是从事手工业生产的场所。现在多含精巧优雅的意思，文化意味很浓。"数学工坊"是银城小学的一个创意平台，这里汇集了57个主题，围绕这些主题，孩子们将学到的数学知识运用于实际生活，在这个过程中，他们不断攻克难关，思维也得到发散。

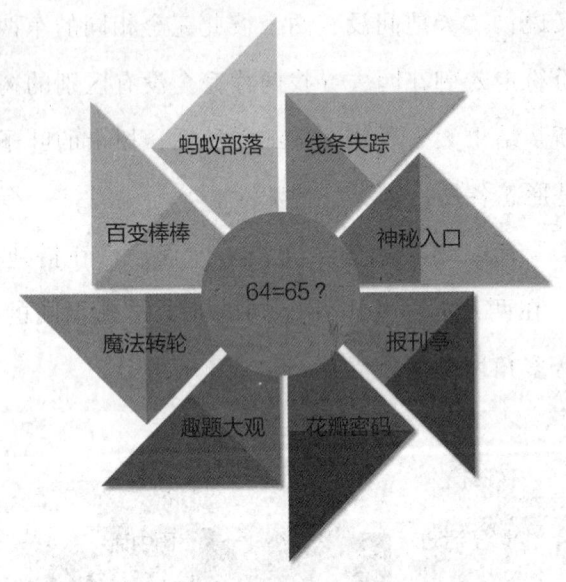

图 3-13　银城小学"数学工坊"主题活动

（三）指尖时尚

"指尖时尚"是银城的又一个概念，鼓励师生共同发现时尚、制作时尚、创造时尚，手工制作散发着独一无二的魅力，传递着手心的温暖，暗合了孩子们爱发现、爱动手、爱创造的天性，也培育了每个孩子的个性特点。

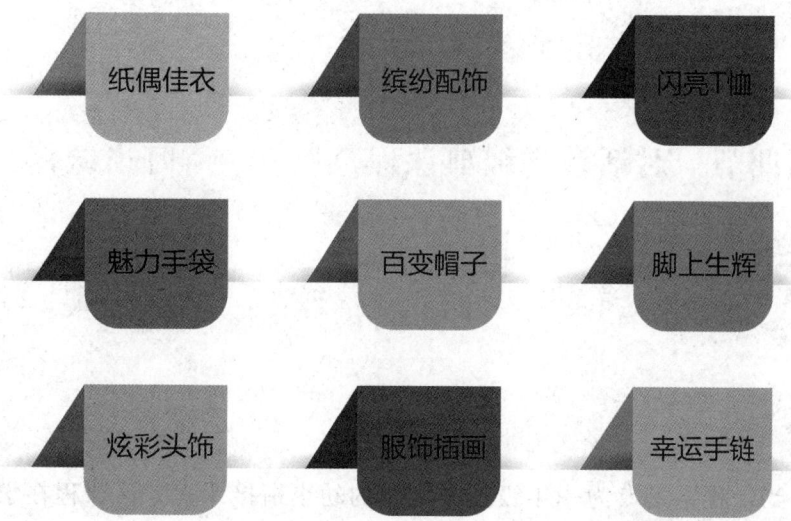

图 3-14 银城小学"指尖时尚"手工制作活动

（四）对话时空

"对话时空"的概念是在银城小学对话教育的实践中顺其自然而形成的，从开始的课堂对话要求到专设的对话时间到今天的对话自觉，对话时空创造了丰富多彩的对话平台，带来了学生学习方式的改变。

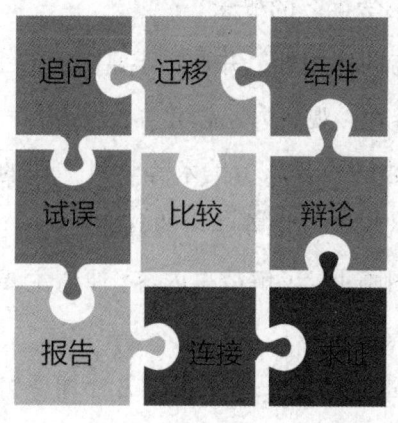

图 3-15 银城小学"对话时空"教学实践

第四节　对话教学经典课程范例——"叮当课程"

"叮当课程"是专为一年级孩子定制的幼小衔接课程。该课程在学校对话教育的背景下，力图通过对课程的整合，找到课程与课程的契合点，从"玩"出发，各科知识融于"玩"，旨在让孩子慢慢地喜欢学校，喜欢老师，喜欢同伴，喜欢课本，进而愿意带着各种各样的问题去追问、去研究、去解决，最大限度地实现"开心玩，努力学"的课程宗旨。

一、课程目标

1. 面向每一个，缩小原差异，让孩子们喜欢学校，喜欢上学，平稳渡过幼小转折期，建立"我是小学生"的概念。

2. 走进对话，学会与同伴相处，并通过丰富多彩的主题活动，初步达到学校对话教学"五力"（听辨力、观察力、思考力、表达力、形象力）的最基本要求。

3. 初步感知语文、数学、音乐、美术等学科知识的整体融合，享受融合中的多种快乐，激发上课的愿望，培养学习的兴趣。

4. 能阅读20~30本图画书，了解故事内容，厘清主要人物，基本能看图读文，同时能从故事中懂得一点道理。

5. 利用图画书，巩固课标规定的识字量及"四会"要求，采用科学认读法适度扩大识字量，以帮助阅读。

6. 将数学置于图画书的故事之中，培养数感，让孩子喜欢问"为什么"，启蒙儿童的思维。

7. 创设各种"玩"的情境，增加动感、乐感、美感，手、口、脑并用，让学生能够实现玩中学、选择学、自主学。

二、课程内容

"叮当课程"立足儿童，以"叮当教材""叮当活动""叮当节日"三大板块构成，让寻常的校园生活充满了惊喜和期盼，让孩子在一种富有游戏性、趣味性和挑战性的学习生活中全面提升自身能力，沿着"全人"的方向健康成长。

（一）叮当教材

"叮当教材"是由南京市教学专家和我校低年段骨干教师依据教育部各学科课程标准和苏教版现行教科书编写而成。教材遵循儿童的身心发展特点，着力于幼小衔接，体现基础性、游戏性和整合性。内容涵盖绘本故事、数学游戏、创意美术、音乐歌曲、体育游戏等丰富的学科元素。全套教材分为八个主题单元，涵盖了绘读、绘算、创意、唱游、体健、习字、表达、自理、社交、亲子等十个方面的内容。

1. 绘读

阅读30本经典绘本，借助绘本进行识字、写字教学，创造故事情境，提升阅读感悟能力。

2. 绘算

借助数学绘本和游戏，学会初步的统计与分类方法，会在实践活动中解决数学问题，培养学生数的概念和计算能力。

3. 创意

融合"指尖上的时尚"校本课程和日常生活所见所闻，采用不同的美术创作形式，打造出富有自我个性的创意作品。

4. 唱游

依照每课主题，学习歌曲演唱的方法，认识形式多样的乐器，能多形式表现音乐旋律和节奏，提升学生的音乐感受力和欣赏力。

5. 体健

通过游戏方法，在生活的具体情境中进行走、跑、跳、投等队列队形的基本技能训练，培养学生意志力和良好的身体协调能力。

6. 习字

每天练习汉字的基本笔画和间架结构，力求把汉字写得规范工整、整洁美观。

7. 表达

采用微课形式，围绕主题自由表达，锻炼孩子大胆自信表达自我观点的能力。

8. 自理

整合苏教版教材中的知识点，每月一次图书馆大阅读，着眼于提升学生整合知识的技能，培养学生良好的阅读习惯和思辨能力。

9. 社交

在课程活动中，渗透与人相处的相关行为准则，潜移默化地引导孩子学会与人交往，学会与人沟通。

10. 亲子

在课程设计中，听取家长建议，邀请家长参与到课程设计的互动中，增进家校沟通，增进亲子沟通，形成家校教育合力。

（二）叮当活动

"叮当活动"是依据"叮当教材"的单元要求而设计的20个实践活动，其特点是在"玩"中蕴含"学"，活动时间可长可短，活动地点也不局限于校园内，活动内容包含了以下几个方面：

1. 体健活动

这类活动能够增强儿童的运动能力与身体素质，发展儿童身体灵敏度和协调性，培养儿童开朗的性格。典型活动有"手指碰碰碰""看我七十二变""动物模仿操"等。

2. 手工活动

这类活动能够培养儿童观察周围的事物的能力，培养儿童的合作意识和创造精神。典型活动有"我爱中国画""有个性的我""水果连连看"等。

3. 唱游活动

唱游活动是以音乐的素质训练为基础，以唱为主、以游为辅的综合训练，典型活动有"玩具兵进行曲""你的名字叫什么？""追影子的人"等。

4. 作品创作

这类活动旨在启发儿童用自己喜欢的表达方式再现自己的兴趣点；鼓励儿童用笔记录自己的生活（可写可画可拍照）；引导学生学会欣赏，激发后续创作激情。典型活动有"我爱中国字""五十六朵花""生活中的数字美"等。

5. 整理活动

这类活动旨在引导儿童用思维导图的方式整理学过的知识；培养儿童在生活中有条理地整理物品。典型活动有"生字开花朵朵红""畅游拼音王国""装扮我的家"等。

6. 亲子活动

亲子活动有利于孩子身心的健康成长，有利于激发孩子的内在潜能，有利于增进家长和孩子之间的情感交流，为儿童与家长、教师与家长、家长与家长之间搭起一座沟通的桥梁。典型活动有"银铃响叮当""吉祥三宝""智勇大闯关"等。

（三）叮当节日

"叮当节日"是专为一年级孩子而设的。孩子们喜欢过节，期盼着各种各样的节日到来。节日带来了快乐，也助推了他们的成长。

1. 朋友节

打破班级界限，引导儿童通过打招呼、送礼物、话祝福、做游戏等方式认识更多的小伙伴,初步学会与人交往。

2. 魔方节

认魔方,拼魔方,搭魔方,转魔方……在玩魔方的过程中,引导儿童编故事、画故事、写故事,学会用自己喜欢的方式记录快乐。

3. 饺子节

通过画饺子、识饺子、包饺子、吃饺子的活动,引导儿童了解中国的饮食文化和家文化,培养儿童的中国情怀。

4. 脸谱节

以戏剧脸谱为元素,引导儿童身心投入、全方位学习,通过角色体验,培养合作沟通、想象创造等能力,将朗读、理解能力融入其中。

5. 游戏节

通过老鹰抓小鸡、打弹子、斗鸡、刷陀螺等游艺活动,让儿童了解中国的传统游戏,同时提升各项运动技能;引导亲子共玩,让家长回味童年,指导家长从儿童的角度看儿童。

三、课程实施

(一)实施原则

1. 主体性

以生为本,充分调动学生的主体积极性和创造性。创设各种情景,鼓励学生多说、多想、多做,在自己的最近发展区实现自我认识、自我体验。

2. 趣味性

让学习好玩一点,从学生的年龄特征、知识水平和趣味层次出发"寓教于乐""寓智于趣"。使儿童在课程学习和活动实践中感到愉快,自觉调动学习的能动性。

3. 联动性

"叮当课程"的教材、活动、节日如同一根链条，其中任何一环都不可能独立存在，包含着学生、老师、家长、环境等诸多要素。在"开心玩、努力学"的过程中，以课堂为圆心向外延伸、扩展。通过联动，活跃各方，让每一个人参与其中，让课程更加立体。

（二）实施计划

1. 编制《教学指南》

教学指南凸显目标性，打破传统教学学科被割裂的局面，融会贯通各学科目标，在识字写字、阅读、绘画、音乐、体育等学科中探索交叉点，把传统教学单一枯燥的学科学习转化为丰富多彩充满智力挑战的游戏化生活。

2. 精心设计第一周活动

第一周作为入学启蒙，以丰富多彩的活动为主，如"逛逛我的学校""设计我的名片""认认我的好朋友""说说我自己"等。

3. 设计主题单元学习

依据目标，设计主题单元学习，每月一个主题。按照单元内容设计周教学计划及活动框架。

4. 坚持学科整合原则

坚持多学科融合，多学科支撑。30%的课程实施"双师制"，拓展课程的丰富性。

（三）课程管理

1. 课时管理

每学期100课时。原则上每天一节，每周五节，专项活动除外。同时运用长短课结合的方式，长课为40分钟，短课为20分钟。

2. 师资保证

银城小学担任"叮当课程"的老师均为年轻教师、"一专多能"的教师，教育专家、校长、教师全程参与课程的规划与施行。

3. 研修保证

全员培训：暑期邀请专家对叮当课程的实施教师进行全员培训；每月邀请专家进行辅导、分层培训。

研训活动：每周一是课程的研训时间。其内容为教材分析、微课模拟、活动设计、小成果汇报，沙龙研讨，微型讲座等。

（四）课程评价

"叮当课程"基于儿童的个性特点和发展需求，以激励为原则，以"五力指标"为内核，以"十会十能"为基础指标；采用过程性评价和期末游戏性评价相结合的方式，减少孩子的考试焦虑，给孩子们更多一点快乐，更多一点自信。

1. 评价指标

"十会"指标	"十能"指标
（1）会问"为什么"	（1）能安静地坐下来
（2）会"想一想"	（2）能遵守时间
（3）会说"怎么样"	（3）能自己收拾东西
（4）会简单的联想	（4）能自己背书包
（5）会试着"做一做"	（5）能和小朋友玩
（6）会和别人交流	（6）能自己做作业
（7）会看图画书	（7）能接受一些小惩罚
（8）会提小问题	（8）能参与简单的劳动活动
（9）会观察各种事物	（9）能试着解决小困难
（10）会选择"最佳"	（10）能耐心倾听别人讲话

2. 评价原则

（1）重选择

一个项目，多项选择；一道考题，多种答案。通过多样选择让孩子对自己有自信。

（2）重综合

课程既关照国家课程对语文、数学学科的培养目标，又增加了"叮当课程"的相关内容，重点以"听辨力、观察力、思考力、表达力、形象力"为内核，力争实现基础性指标的同时，鼓励学生在方向性指标上进一步努力。

（3）重能力

课程更加关注学生学习能力、思维品质的观测，通过调整评价形式，最大化地把学生、家长和教师从习题和试卷中解放出来。

（4）重平时

除了期末考试采取游戏化的方式，对于学生平时的考核也以游戏闯关的方式进行，允许学生采取多次考试的方式通过能力测试。第一次优秀，后两次测试可以免试。如果三次未过关，期末还可以再申请测试，这样就有效地降低了学生学习的畏难情绪。

3. 评价方式

（1）以"叮当上学啦"为题，建立学生的电子档案，用文字、图画等方式记录学生学习生活及过程性学习成果。

（2）以综合多元的评价指标对学生的素养进行激励性评价，通过积分兑换、发放"银铃卡"、评选"小叮当"等，帮助学生适应小学生活。

（3）重视过程性检测，以游戏的方式和过程性考察取代书面考试。

（4）邀请家长以志愿者的身份参与课程评价。

第四章 对话课堂的学习特色

所谓"雁过留声",一节课结束了,总要给学生留下些什么,是某个知识,某项技能,还是某种思想?

对话就在两者之间来来往往,对话的课堂就如一块块散落的拼图,谁也离不开谁,只有将它们拼在一起才能构起美丽的图画,从而回归本原,实现不同世界的相互融合。

第一节　对话课堂的特征

苏教版小学语文课本（六年级下）《孔子游春》一文中有这么一个片段：

> 阳光普照着大地，泗水河边桃红柳绿，草色青青，习习的春风像优美的琴声，在给翩翩到来的春天伴奏。大自然多像一位伟大的母亲！广袤的大地是她宽广的胸怀，茂密的森林是她飘逸的长发，温暖的太阳是她明亮的眸子，和煦的轻风是她甜蜜的絮语……
>
> 孔子的心情很不平静，就像他眼前的泗水波澜起伏。活泼欢快的泗水从大山中滚滚而来，又不知疲倦地奔腾而去，孔子动情地望着泗水河，陷入了沉思。弟子们不知老师在看什么，都围拢过来。
>
> 子路问道："老师在看什么呢？"
>
> 孔子说："我在看水呀。"
>
> "看水？"弟子们都用疑惑的眼光望着老师。
>
> 子贡说："老师遇水必观，其中一定有道理，能不能讲给我们听听？"
>
> 孔子凝望着泗水的绿波，意味深长地说："水奔流不息，是哺育一切生灵的乳汁，它好像有德行。水没有一定的形状，或方或长，流必向下，和顺温柔，它好像有情义。水穿山岩，凿石壁，从无惧色，它好像有志向。万物入水，必

能荡涤污垢，它好像善施教化……由此看来，水是真君子啊！"

弟子们听了老师的一番宏论，无不惊讶，谁能料想，从司空见惯的流水中，老师竟能看出如此深奥的道理！

绿草如茵的河畔，弟子们围在老师身边，有的蹲着，有的坐着。老师拨动琴弦，弟子们跟着唱起歌来，歌声融进温暖的春天里。泗水河畔，洋溢着浓浓的师生情谊。

绿草如茵，看水说水，琴声歌声，师生情谊，两千多年前的课堂尚且如此，现在呢？"新教育"理念的创始人朱永新教授认为课堂要有参与度——学生主动积极参与，亲和度——师生平等合作交流，自由度——课堂宽松和谐自然，整合度——知识方法能力目标充分融合，练习度——引领学生发现体验实践，延展度——着眼关注社会生活。

小学生眼中的课堂又是什么呢？

课堂就像一棵茂盛的大树，树洞里充满了知识的味道。

——魏　琳

不要认为课堂只是属于老师一个人的，课堂也是属于我们大家的。平时我们只以老师为主角，却从未注意过自己，希望大家也能关注自己，去发现自己在课堂中的位置。

——张心逸

语文课是五彩缤纷的，数学课是蓝色的，英语课是紫色的，信息课是红色的，体育课是绿色的，音乐课是黄色的……

——范宇轩

我们是太阳花，每天面朝知识的太阳。

——龚浩天

课堂里的场景，如老牛牵着兔子在海洋里漫游；像小猴子在树林里穿梭；

似百灵鸟不知疲倦地歌唱。

——赵紫宁

什么叫课堂？课堂就是同学们叽叽喳喳，说出自己的想法。

——王悠然

当老鼠得到它所爱的大米时，这就是课堂。

——周雨萌

课堂就是牛奶遇上咖啡，猫爱上鱼。

——胡韶芸

课堂，就像风筝与线的合作，云牵着风筝与线飞上云端。

——沙业苘

课堂就是一组齿轮，互相呼应，相互联动。

——桂子驭

课堂是一种遇见：高耸的山与一条流水，破土的芽与几缕阳光，轻柔的发与一丝凉风，在世界一角神奇地相遇。

——唐越

大树、齿轮、风筝……学生眼中的课堂如此美好！对话课堂又应该是什么样的呢？可以肯定的是，要给孩子这样的美好，让他们喜欢课堂；不一定和某种标准同框，但一定有其基本的特质。银城小学以"欣赏""自信"等八个关键词提出了对"对话课堂"的校本理解。

一、对话课堂需要欣赏

"欣赏"一词出自晋陶潜《移居》诗之二："奇文共欣赏，疑义相与析。"欣赏即享受美好的事物，领略其中的趣味，或认为好、喜欢，表示称赞。我们会欣赏课本中描述的花开花落、月满月亏、潮起潮落、雁去雁来，也会欣赏学伴的专心致志、大胆思辨。我们既欣赏着别人，同时也被别人欣赏，欣赏本身就是相互的。巴西著名教育家弗莱雷曾说："对话不能被简化为一个人向另一个人'灌输'思想的行为，也不能变成有待对话者'消费'的简单的思想交流……对话不能出现一些人代表另一些人命名世界的情况，对话不能成为一个人控制另一个人的手段。"所以对话需要建立在平等、尊重、友爱、和谐的师生关系基础上，追求师生情感上的交融共鸣和发展上的合作共益。对话双方是相互依存、相互作用的，对话是沟通，而其实质则是互动。教师与学生都是主动的参与者、平等的对话者。对话的过程是师生、生生间积极互动、彼此欣赏、共同发展的过程，对话的结果是师生认知、思想、情感的渐进与提升。对话课堂是在相互理解和应对中推进学习的，它让对话走向深入，在相互接纳和启发中创生新的意义，让生命价值走向发展与提升。

二、对话课堂需要自信

自信，是个人对自己所做的各种准备的感性评估。"相信自己行"，是一种信念。自信本身就是一种积极性，是在自我评价上的积极态度。"自信"是与"积极"密切相关的。没有自信的积极，是软弱的、低能的、低效的积极。蔺相如有自信，才能将和氏璧完璧归赵；王勃有自信，才有"落霞与孤鹜齐飞，秋水共长天一色"的壮丽；文天祥有自信，才有了"人生自古谁无死，留取丹心照汗青"的绝叹。对话课堂强调"敢于对话、乐于对话、善于对话"是师生基于对彼此的信心，通过言谈和倾听而进行的双向沟通、共同学习的方式。培养学生在课堂中的自信，需要从以下两个方面着手：

首先是把课堂营造成生命活动的展示场，建构自由、宽松、和谐、互动的对话场。在对话场里，学生有自信心和积极性，有对话的兴趣和表达的欲望。伯姆认为对话是"一种流淌于人们之间的意义溪流，它使所有对话者都能够参与和分享这一意义之溪，并因此能够在群体中萌生新的理解与共识"。他还主张：

"对话是一个'求同存异',将意见集中与分享,不断形成创造性意义的交流过程。"因此对话课堂要充分打开学习的时空,教师要鼓励和引导学生畅所欲言,可以言说困惑、疑问和误解,也可以言说感受、发现和创造。

其次是充分彰显学生自主学习的权利。对话课堂,要求教师既要重视对话的设计,更要关注学生的主动言说。课堂上,老师需善于倾听,积极回应,指导沟通,引发交流,使对话及其过程成为教学的重要内容和目的。在学习的过程中,教师要注意"藏巧"与"巧藏"。所谓"藏巧",就是教师不要用自己的思维代替学生的思维,不要用自己的思维限制学生的思维,预留给学生充分的自主学习和思考的空间;所谓"巧藏",则是在课堂上老师要巧妙地做学生的引路人,在学生能力不及的时候托他们一把,在学生似懂非懂时推他们一把,在学生走上弯路时拉他们一把。让学生参与教学过程,提出不同见解,给学生独立判断的机会,从而使其自信地参与到对话过程中来,实现师生共进。

三、对话课堂需要思辨

对话的目的并不是要达成一致。对话不是为了消除差异、排除异己,而是为了更好地理解和珍视差异。观点的不同正说明问题的复杂性,说明有对话的必要与可能。学生之间、师生之间的思想碰撞,应该是对话的主旋律,深层的对话学习是指向思辨的。

"思辨"在大学可能更强调哲学思辨,在中学可能更强调论证推理和批判性思维。我们认为,在小学,思辨就是更强调学会质疑追问,学会有理有据地表达自己的观点、学会说"NO",初步具有辩证地看问题的意识,有独立的人格和个性。

对话课堂强调思辨,就是强调思维的深度和广度。这就意味着不再把学生视为接受知识的容器,而是将其视为具有独立意志的创造主体。课堂不再仅仅是知识的传递场所,更是思想交流的碰撞场所。在这里,学生可以"肆无忌惮"地对文本或者老师的观点提出质疑,甚至否定;同样,老师也可以对学生的质疑进行有意识地引导或反驳，让课堂成为学生智慧生成的场域，把思维从"活"的状态，进一步变成"长"的状态。

对话课堂强调思辨，就是强调提高思考力和培养反思能力。这就意味着教师要引导学生进行多元对话，在师生、生生和自我的对话中分析、思考、判断、生成。在观点的不断表达、澄清中让思维走向深刻，引导学生亲历对话的过程，学会倾听观点、思考观点，清楚地阐述观点、反思观点，将学习引向深入，生成对话智慧。

四、对话课堂需要体验

体验本身就是一种交往性的学习，"体验发生在相互作用、相互交流的过程之中"。① 对话的过程包含着体验，其课堂必然呈现一种获得主体的自身体验以及在体验中自我发展的意义性学习过程。

将体验贯穿于教和学的全过程。一方面是通过体验学习，体验既成了学生从知识到教养的中介，也成了教师从教学到学教的中介。② 在对话课堂中，需要特别重视体验的独特价值，也要特别注重体验在学生发展中的作用。事实上，以体验为中介，能发展学生的思维和智力，促成学生情感态度和价值观的形成，所以教师要珍视学生的学习背景、独特体验，优化设计体验式的学习活动。另一方面是在体验中学习。体验本身就是一个学习的过程，这一过程既是学生的参与过程、操作过程、实践过程、活动过程，又是学生获得知识和能力，建立优化情感和实现自我生命体验的过程。体验不但是学习的过程，同时也是一种学习的方式。于是，学生的经历作为学习的起点，学生的经验作为学习的背景，整个学习活动的安排和组织也必然需要围绕着学生的主动体验来进行和展开。

---

① 杨四耕.体验教学［M］.福州：福建教育出版社，2005：17.
② 肖川.体验：从知识到教养的中介［J］.中小学管理，2002（2）.

对话课堂中体验学习的开展要特别关注其效度。首先，要设计贴近学生实际、具有一定真实性的体验情境；其次，在体验活动过程中，教师要注意引导，不断深化体验，深化学生的学习；再次，活动结束后，要加强反思，引导领悟，促进情感和认识的升华；最后，要格外尊重学生个人的独特感受，尊重差异，不强求一致。

五、对话课堂需要探究

对话课堂充满了探究性，在探究中产生对话话题，在探究中分析解决问题，在探究中展开对话交流，在探究中学习知识、提升素养。

对话课堂尊重学生的探究欲望，"在人的心灵深处都有一种根深蒂固的需要，这就是希望自己是个发现者、研究者、探索者"。[①] 而在儿童的精神世界中，这种需要特别强烈。所以，课堂的学习要尽最大的可能让学生去探究，满足他们对于探究的兴趣，引导他们勇于发现，乐于探究。

对话课堂为学生创设了充分探究的空间和平台。陶行知先生曾说过，要千方百计创设"使孩子们不断地迷在某种特殊活动"中的情景，"知之者不如好之者，好之者不如乐之者"，将原本由教师灌输的内容转向由学生主动积极地获取，面向全体学生，开展多样化的探究活动。同时，要以学生为主体，教师为主导的路径和方式，尊重学生探究的多样性和差异性，保证其充分的讨论和交流，引发学生积极的自我反思。只有这样才有利于进一步激发学生的探究欲望，开放学习的时间和空间，从而在充分探究的基础上加深学生对知识的理解和运用，在探究情境中展开深刻的思维和对话。

对话课堂中的探究更具深度、广度和温度。"深度"是指在课堂上亲历学习的过程，把握知识的内在联系，对学习内容的理解走向深入。"广度"是指

---

① ［俄］苏霍姆林斯基.给教师的建议［M］.北京：教育科学出版社，1984：136.

根据探究的内容对课堂资源的外延和内涵部分进行渗透、拓展和绵延。"温度"则是指营造开放的学习氛围，呵护学生积极的学习心理，使他们不断体验发现的乐趣，一步步把握问题的实质，从而享受探究的趣味。

六、对话课堂需要合作

学习是个体性和社会性的统一，学习首先是个体化的行为，但是，学习从来不是一个人孤立进行的活动，人类个体的学习活动只有在社会文化环境中才能进行。从对话理论的角度来看，学习是学生同客观世界对话建构学习内容之意义的活动，是同他人对话建构社会关系的活动，同时是与自我对话认识并反思自我的活动。这三种活动相互依存，相辅相成，三位一体。而在当前的学校学习环境中，由于受到政策体制、课程结构、教师习惯等多种因素影响，学习大多呈现出单一的"讲—听"式现象，个体学习为学生的主要学习方式，上述三种形式的对话受到不少限制。要改变这种学习的现状，构建学习共同体，开展合作学习是一个很好的选择。学习共同体的建立有利于改变传统的、完全封闭的、彼此隔绝的、单纯地表现为受外力制约的、被动的、整齐划一的学习方式，实现从"个人独白"式学习向"对话"式学习方式的转换，改变学习是对结论性知识和经验的获得和掌握，使学习转换为表达、分享、共生、创造的意义流动过程。

对话课堂中的合作"以倾听为中心"，这种学习是由"每个个体的互动所形成的意义链和关系链构成的。教材和学生、教材的语言之间、多重意义之间的联系，儿童与儿童之间以及今天的儿童与昨天的儿童之间、课堂上的多元的、多层次的联系如同织物一样编织在一起"发展为"交响的关系"。[①] 教师精心设计合作学习的内容，让学生做到"三自""三有"，即学生自己提出问题，自

---

① ［日］佐藤学.教师的挑战——宁静的课堂革命［M］.钟启泉，译.上海：华东师范大学出版社，2012：58-59.

己分析问题,自己解决问题,并在合作的过程中有所争论、有所发现、有所创新。对话课堂中的合作学习以多维度的动态标准分层次,以多样化的组织形式进行教学,让每个学生在小组中通过合理的角色分工与人人参与的任务学习,促进各个层次的学生在合作学习的过程中有效对话,得到最优发展。

七、对话课堂需要个性

对话课堂在师生间构建了"你—我"的对话关系。在这种关系中,教师不仅重在"教",也重在"学"。和学生共同成长的同时,学生成为了具有独立意义的人,主体意识觉醒,自主感知,自主思考、交流自己独特的感悟,从而使自己的个性得到全面的发展。

对话课堂尊重个性差异,张扬个性特质;把选择的权利还给孩子,让孩子自主筛选对话话题,选择适合自己的学习方式和学习伙伴、学习资源,能够满足不同个性学生的学习需求;把充分表达的权利还给孩子,杜绝教师在课堂上的"话语霸权",鼓励学生表达自我,表达认知,进行思想的对碰,产生视域的融合。这种融合意味着新的理解在一个新的视域起点上不断动态生成,不断扩大和丰富,从而构建"和而不同"的文化场域;把评价的机会还给孩子,对话课堂的评价应是以生成师生双方的反思能力为终极目标的"协同自评"[1],在此过程中,要允许差异,让个性评价促进和凸显参与者的自我审视、自我提升、自我完善。

八、对话课堂需要创造

教育家罗杰斯说:"一个人的创造力,只有在他感到心理安全和心理自由的条件下,才能获得最大限度的表现和发展。"因此,凸显"平等""民主""和

---

[1] 华卜泉,王明宾.构建活动课程评价的协同自评模式[J].现代中小学教育,1999(2).

谐"的对话课堂能最大限度地彰显师生的创造力。正如陶行知先生所说："处处是创造之地，天天是创造之时，人人是创造之人。"

首先，在对话课堂中，学生的创造潜能得到充分彰显。对话课堂里富有挑战性的话题和学习空间，促使学生创造能力的生成和积聚，对于学生的个体成长有重要意义。同时对话课堂丰富的创造性学习活动的展开，在培养学生各项能力同时，丰富和发展了学生的自信，使学生的创造潜能在自由而且宽松的学习场域中不断释放，促进了每一个孩子个体创造力的发展。

其次，在对话课堂中，教师的创造潜能也得到了充分彰显。在对话课堂中的学生不再是被动学习和接受的个体，而是作为学习的主体，积极参与到课堂学习的过程中，这对于教师的教学是一个巨大的挑战。于是，对话课堂中的教师，不再是简单的知识传授者，而是作为与学生平等的个体，参与到深层次的充满挑战的教学情境的创造性建构中。于是，教学的过程转变为不断展现教学智慧和创造力生成的过程，从而最大限度地发挥了教师的创造潜能。

课堂需要欣赏、自信、创造……归根结底，课堂最需要的是儿童。儿童是课堂的主体，是对话的主体。没有儿童，就没有课堂与对话。银城小学专门制定了一个名叫《儿童课堂权利》的校本公约文件，使儿童在课堂中的主人身份进一步得到强化，儿童自主学习的样式得以充分彰显，儿童自由的思想、思辨精神和创新意识能得到更好的孕育和发展。而所有这些，恰恰是我们教育培养"明天的儿童"应该做的一件大事。

第二节 对话课堂的基本模式

什么是模式？模式是指科学研究中以图形或程式的方式阐释对象事物的一种方法。这种方法具有双重性质：第一，模式与现实事物具有对应关系，但又不是对现实事物单纯的描述，而是具有某种程度的抽象化和定理化性质。第二，模式与一定的理论相对应，又不等于理论本身，而是对理论的一种解释或素描。模式虽然具有不完全性，但它是人们理解事物、探讨理论的一种有效方法。丰富多彩的课程，丰富多彩的世界，再以丰富多彩的模式，让孩子们可学、可玩、可研、可乐、可静、可动、可唱、可跳。

一、对话课堂基本框架

基于对模式概念的理解，我们形成了银城小学独具校本特色的对话课堂基本框架。

第一，形成话题。形成话题是必要的前提。没有话题，对话就不好展开；没有集中的话题，对话就可能是散漫的；没有主旨，不得要领，对话的价值和意义就会大打折扣。

第二，独立思考。儿童对话并不只是显

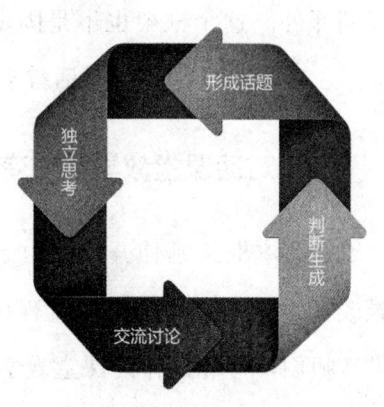

图 4-1 对话课堂基本框架

性的群体的"你说、我说、大家说",它有一个隐性的个体的独立思索的过程。只有每一个个体都经过看似静默实则火热的思考,之后的交流讨论才会变得丰富、有意义、有意思,甚至有意想不到的精彩出现。

第三,交流讨论。交流讨论是儿童对话最具显性特征的一环。前置的独立思考后,大家都有自己的理解,也有各自的困惑,彼此都有释放、交流、解决问题的迫切意愿。交流讨论,没有定式,可以先在小组内进行,也可以直接在全班进行,但有一个基本的原则,即充分而不拖沓。要把所有的观点都在大家面前呈现出来。

第四,判断生成。交流讨论之后,就是"判断生成"。判断生成有两层含义:一个是判断,对还是不对;另一个是生成,产生新的理解、新的意义,使原有的理解得以丰富。判断生成又有两个维度:一个是每个人的,各自从原来的思考、原来的图式,走向悦纳别人的观点、实现自我澄清;另一个是全班的,多方观点交锋之后,经过思辨,形成集体的价值判断。

这个基本框架不是简单的线性递进式,各环节之间可以是交错贯通的,本身就在进行着紧密的对话,呈现的是多维立体的实践样态。其中四个要素既是有顺序的,从形成话题到判断生成,与学习进程相吻合;又是无顺序的,彼此交叉、循环。也许,一节课的话题结束,又有新的话题产生,把对话的空间延续到课外。这个框架也不是固定不变的,可以增减和改变其中的某些环节及其顺序,这本身也体现了对话教学走向开放、不断生成的特点。

二、对话课堂教学实践变式

从基本框架延伸开去,由于不同学科、不同课型、不同内容的教学要求差异较大,课堂结构与教学流程也必须相应做出改变,因此,初步形成了几个可供教师们参考和运作的课堂教学实践变式。

（一）实践变式一：基于"话题线索"的对话课堂教学

《现代汉语词典》中解释道：话题，即谈话的中心。它包含两个方面的含义：一是"谈话"，强调的是双方或多方的共同参与、自主参与、平等参与；二是"中心"，即围绕一个中心话题而展开，可向四面辐射，内容丰富。话题是进入新课程以后课堂教学的新手法，能够鲜明生动地阐释课标中的一个基本理念，即课堂是收集处理信息、认识世界、发展思维、获得审美体验的重要途径。[①] 有了话题，就有了思考探究、课堂交流以及课堂对话，当然也就有了让学生真正主导课堂的时间保证，体现了学生的自主性和主体性。对话的话题，则需要贯穿整个课堂教学，是教学过程中最具吸引力的中心线索。对话课堂中的话题，不仅是师生之间、生生之间平等的讨论交流，更是与问题相融相成的思想的碰撞与交融。在问题中发现话题，在话题中解决问题，整个课堂贯穿着师生思维的深入。由话题线索构建的课堂，能有效形成"自主、合作、探究"的教学活动氛围，能比较切实地体现新课程的对话理念，体现出课堂个性化的特点。

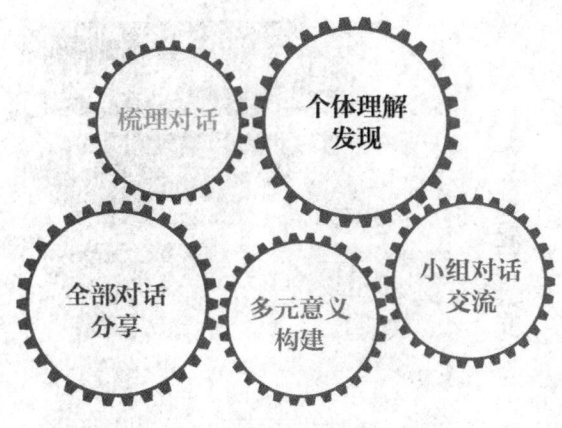

图 4-2 基于"话题线索"的课堂对话

---

① 靳玉乐.新课程改革的理念与创新 [M].北京：人民教育出版社，2003：36.

在基于"话题线索"的对话课堂中,话题需要呈现以下特性:

1. 适切性

话题要与学生学习的内在规律适切,贴近学生的最近发展区,尊重学生的思维起点,摸清学生的思维盲区,发现学生的思维难点。话题要与学科的特质适切,展现本学科的核心价值,培养学生的核心素养。话题要与本课学习的目标适切,以本节课学习的重点、难点、疑点为制高点,进行话题的展开。

2. 挑战性

话题要有广度,起到"牵一发可动全身"的作用,能引发学生多角度思考,启发学生智慧。话题要有深度,直取核心,抓住学习的本质内核、学生的学情脉络、本课的难点疑点。话题要有钻劲,话题的解决既需要学生进行自主探索与研究,也需要群体性的支持、合作与交流。

3. 开放性

话题只是给予学生思考的方向、思维的空间、发展的机会,而不是以标准

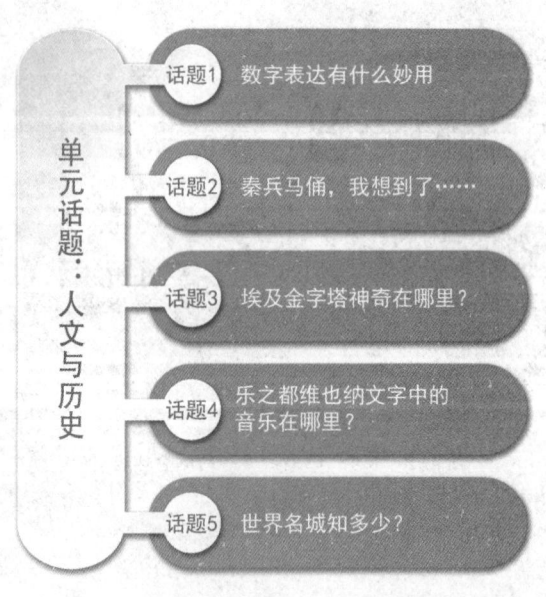

图 4-3 苏教版图标本小学《语文》第十册第四单元

答案去束缚学生的思想。所以开放性的话题指向的不是唯一的答案，而是多样性的结果，其解决的路径因人而异，灵活多变。开放性的话题展现了学习过程的可探究性，往往蕴涵着强劲的思辨力，能激起学生思维的浪花，引发头脑风暴。开放性的话题具有一定的延展性，能促使学生产生新的学习问题，从而将课内的学习引向课外，使正式学习和非正式学习有效衔接。

话题从何而来呢？我们认为，基于"话题线索"的课堂对话教学首先是师生共选、梳理话题。教师、学生通过自主查阅资料，与教材进行对话，寻找学习的重点、疑点，明确已知和未知，通过分享和融合共同梳理出有价值的话题。

其次是个体理解，充分发现。课堂预留充分的时间，让学生围绕话题展开自主探究，充分发现，感受文本、深入文本、质疑文本，与文本进行潜在的言语交流和情感共振，形成自己的个性化理解，呈现多重的分析视野、多样的解决路径和异彩纷呈的答案。

在此基础上，教师组织学生根据已有的理解和思考，在小组中开展生生对话，帮助彼此解决问题，其中不能解决和有争议的共同问题便形成了需要全班对话的主话题。通过集中展示，将话题结构化，引发充分深刻的全班对话，面向全体学生，照顾差异，引领每一个学生亲历学习过程，鼓励每一个学生发表学习见解，尊重每一个学生的学习发现。直面学习关键点，层层深入、由表及里地引领学生从具体到抽象，从局部到整体，从微观到宏观。

最后是多重视角的意义建构。分享交流引发自我反思和多视域交融，学生达到了认知结构和思维方式的改变，从而得到发展并趋于完善，走向深刻。

> 一节综合实践课上，当揭示主题"校园里的浪费现象"后，老师引导孩子们开始分解主题："拒绝浪费实践活动中，大家想研究什么？我们可以具体从某种行为或现象问'是什么''为什么''怎么样'。例如，围绕'校园里的浪费现象'这一行为，大家可以提出什么问题？"于是学生围绕主题进行发散提问，在小组

里互相交流，归纳整理，筛除重复问题，挑选有研究价值的问题，各小组确定研究的内容后，全班形成了21个研究小问题，在此基础上教师再次引导学生将问题分类整合，经过10个同学的先后整理，学生把问题归纳为"节水""节电""节粮""节约文具""综合组"五类，这样零散的小问题就聚焦成了共同的研究话题。

有了话题，教师指导同学们自主选择感兴趣的内容，寻找伙伴，建立合作组织，商定小组研究课题，然后同学们便可以自行选择合适的研究方法展开研究。

这个案例至少给了我们如下启示：教师在确立话题时，只需要给予学生思考的方向、思维的空间、发展的机会，而不要以标准答案去束缚学生的思想。这样的自主探索研究能够激起学生思维的浪花，引发学生的头脑风暴。

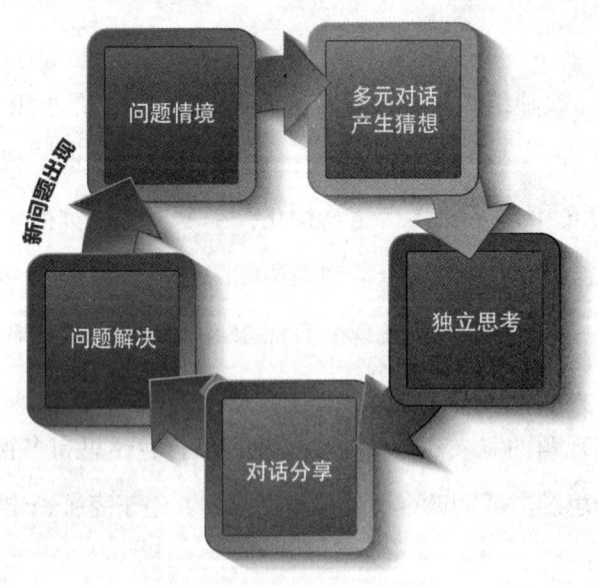

图 4-4　基本"问题解决"的课堂对话教学

（二）基于"问题解决"的对话课堂教学

师生对文本的阅读和理解是教学过程中的一个关键环节，而"理解一个文本即意味着理解这个问题"①，在哲学解释学看来，师生对文本的阅读与理解意味着文本在向他们提问，而他们又必须不停地回答文本的问题，同时在头脑中产生新的问题，然后回过头来又在文本中寻找答案。②教学的过程从某种意义上来说，也是师生围绕话题展开的与文本的问答过程。"问题解决"的教学模式强调把学习设置到复杂的、有意义的问题情境中。通过让学习者合作，解决真正的问题，来学习隐含于问题背后的科学知识，形成解决问题的一般性策略，并在对话与猜想、思考与验证、交流与分享中解决问题，进一步发现新的问题，以此提升学生的学习能力。

其实，孩子们是喜欢问问题的，问题的找寻可以凭着自我的一种感觉，也可以在文本中寻找；问题可以是深刻的，也可以是幼稚的。但不管怎样，对话课堂要创造问题的空间。我们来看一组孩子们的问题：

1. 李时珍除了修订《本草纲目》，在治病救人方面有什么突出成就？
2. 李时珍的家人支持他的工作吗？
3. 李时珍真的不怕苦吗？
4. 李时珍在修订《本草纲目》时，还发生了什么有趣的故事？
5. 现在，我们都是看西医，《本草纲目》在今天还有用吗？外国的医生读《本草纲目》吗？
6. 李时珍修订《本草纲目》时一共修改了多少错误？发现了多少新的药品？
7. 李时珍是怎么知道《本草纲目》有错误的？别的医生没有发现吗？
……

---

① 刘放桐等. 新编现代西方哲学 [M]. 北京：人民出版社，2000：501.
② 张增田. 对话教学研究 [D]. 重庆：西南师范大学，2005：35.

这是孩子们的问题,当然,老师也可以用追问的方式帮助学生解决问题。

一个五年级的学生在课间问了数学老师一道这样的题目:"一个小正方形边长增加5厘米后得到一个大的正方形,这时面积增加了85平方厘米,要求小正方形的边长原来是多少厘米。该怎么做呢?"

后来,这位老师巧妙地将这个问题变成了课上的对话教学内容。我们来看看这位老师的追问。

"同学们,你们怎样理解这道题?"我的问题引发了学生的思考,有学生想到可以画图来更好地理解题意(如图4-5)。

"可是,这样的图形面积计算我们没学过,你能想到方法来解决吗?"这个问题启发了学生思考:虽然这种图形的面积计算没学过,但我们已经学过正方形、长方形、三角形、平行四边形、梯形和圆的面积计算公式。

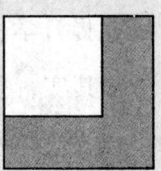

图4-5 "L"形图形的面积为85平方厘米

"能否让它变成学过的图形?"我继续追问。这个问题很快打开了学生的思路,大家开始思考,怎样把这个图形变成学过的图形呢?在讨论中,学生开始尝试在阴影部分添加辅助线,其中一位同学和大家分享道:"我是这样添加辅助线的(如图4-6),添加完以后阴影部分就相当于由两个相同的长方形和一个边长5厘米的正方形构成。用85平方厘米先去掉边长5厘米的正方形的面积,就是两个小长方形的面积。两个小长方形的面积除以2,得到的就是一个长方形的面积。再用30平方厘米除以小长方形的宽,得到小长方形的长,也就是原来正方形的边长。"

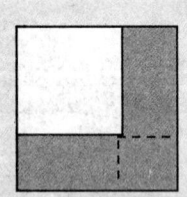

图4-6 给阴影部分添加辅助线

孩子们通过自己的努力找到了这道题的答案,但追问是否就结束了?当然没有,解决问题不仅仅是为了得到答案,更是为了让思维在探究过程中得到拓展,让学生有真正的收获。

"还有其他的方法吗?"我进一步追问,学生们于是再次展开了思考。他们边画图边计算着,并且自发地以小组为单位展开了讨论。通过思考和交流,他们又找到了两种解法,都解决了这个问题。

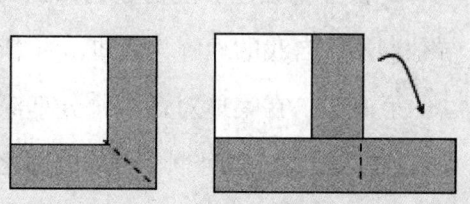

图 4-7 同学们又想出了另外两种解决方案

一道看似简单的题目,就这样在一个个问题中慢慢展开,走向思维深处。在这个过程中,孩子们掌握的不仅仅是这道题的解决方法,更是一种思维方式。

对话教学是以问题为核心开展的,它不同于传统教学中的知识引入,也不是作为学生练习的总集和检验学生知识技能水平的工具,而是作为教学全程的线索,具有统摄的作用。对话教学中的问题往往能激发学生探究的兴趣和参与的欲望,能活跃学生的思维和想象,从而直接引发学生参与对话的意识。因而,对话教学中的问题具有定向、整合、导行、启发的功能。对话教学中的问题解决可分如下五个步骤。

第一步,在有趣的情境中孕伏有价值的问题。设置这种问题情境的基本方式是促使学生将原有的知识与必须掌握的新知识发生激烈冲突,由此导致学生意识中的矛盾激化,从而产生问题情境。

第二步,在初步的对话中,形成猜想和验证方案。引导学生经历观察、感知、实践、比较、分析等学习,依据已有材料和知识经验做出合理推断。此时,正如波利亚说的那样:"一个孩子一旦表示出某些猜想,他就把自己与该题连在一起,会急切地想知道自己的猜想是否正确。于是,便主动关心这道题,关心课堂上的进展。"这时,教师需要做的则是预留充分的时间和空间,鼓励学生根据自己的感知大胆实施验证,在研究历程中做出自己的判断。

第三步,在独立思考中,绽放个性思想。在"猜想—验证"的过程中,强调每一位学生独立自主的建构知识的能力，探寻学习内容本身的深层意义，引导他们形成自我的理解与认知，为集体对话奠定基础。

第四步，在集体对话中，分享深化。这里的集体对话一定是多元的，它发生在学生与学生之间、学生与老师之间、学习小组之间……分享有助于对问题的理解和认识，也有助于对问题解决方案的探寻和研究，从而深化对学习内容的理解和认知，从多元视角去分析解决问题。

第五步，在问题解决中生长新的思考。一方面是学生能够在充分表达、积极分享基础上，活跃思维，开阔思路，看待问题和解决问题的视角更加广泛；另一方面是强调学生问题意识的发展，给学生留出提问的空间，鼓励学生质疑问难，解决了问题再生成新问题。

（三）基于"前理解"的对话课堂教学

"前理解"是哲学解释学中的一个基础性概念，指在理解活动发生之前，主体就已经具有的对理解有着导向、制约作用的全部前提条件，它包括经验、情感、思维方式、价值观念以及对于对象的预期等因素。[①] 理解是课堂教学中的必要环节和重要因素，对话课堂中理解的目的不是要去把握或重建文本的原意，而是充分调动学生原有的前提条件，使之在研究、对话、合作、交流和生成的学习过程中，通过达到理解者的视界与文本视界的整合来解决问题，习得知识与技能。

这好似我们常见的"生本课堂"的范式，但与之不同的是，这一变式更加强调重点问题的再聚焦和深度对话。这里的对话不是为了终结问题，而是在问题逐渐明晰的进程中培养学生的思考素养。

课前对话单更强调一种聚焦问题和任务的学习，对学生的学习更具针对性

---

① 洪汉鼎. 伽达默尔的前理解学说（上）[J]. 河北学刊，2008：（1）.

和挑战性。对话单的制定应围绕学习内容和学生实际，采用"大问题"串联。大问题即具有较大探索空间和思维容量的问题，学生对这些问题的探究往往会形成不同的见解，生成有助于深度学习的问题。同时，这些大问题串联成一张学生学习的路线图，引导学生的学习不断走向深入。

课内对话反馈是基于课前对话单展开的，在这个过程中需要更关注对共性问题的研究呈现，体现全体学习者的多元发现，也要更关注从未解决的问题中通过师生协商筛选出核心问题。同时，课内对话也要引导学生深入文本展开再学习，进一步加强学生与文本之间的理解。在这一过程中，学生需要了解背景知识，自我建构对于文本的认识，抓住知识间的联系，对文本做出判断与评价。

图 4-8 基于"前理解"的对话课堂教学

一位六年级语文老师在教《给家乡孩子的信》这篇课文时，就在对话单中将孩子提的问题归纳成三类。

第一类问题：
1. 文中所说的"开花结果"是什么意思呢？
2. 巴金爷爷写字那么困难，为什么还要写这么长的信？
3. 巴金爷爷写作的动力是什么？

第二类问题：

1. 巴金生了什么病？他是怎样写完这封信的？

2. 为什么巴金爷爷说自己回一封信都那么困难，都有"千斤重"？

3. "无论如何，我不能使家乡的孩子们失望，我终于拿起了笔"中"终于"这个词能省略吗？为什么？

第三类问题：

1. 巴金一生创作了许多作品，应该说是不平凡的，可巴金为什么说自己"平平凡凡、老老实实"呢？

2. 巴金是一个文学巨匠，为什么说自己"说不上失败，也谈不上成功"呢？

3. 巴金这一生写了那么多作品，为什么说自己"虚度光阴"呢？

4. 巴金爷爷可谓才华横溢，成就不凡，为何在信中说："不要把我当作什么杰出人物，我只是一个普通人"？

上面案例中，教师归纳孩子们的问题，将其进行归纳串联，引导学生与文本对话：首先，解决一读就可以懂的第一类问题；然后，引导学生进行课堂对话，探究解决第二类问题；最后，与文本进行深入对话，再结合课前孩子们收集的有关巴金的资料，进行更高层次的思维活动，最后，解决第三类问题，通过一封信来读一个人。在课堂对话过程中，教师把重点放在了第三类问题，也就是对话单中的重点问题。聚焦重点问题就是聚焦学生先学之后产生的疑问，聚焦对话中产生分歧和争议的话题，让深度对话成为一种可能。

深度对话要求一切为了学生的真正理解：一是要深入到学科教材的本质；二是要深入到学生的心灵深处；三是要渐次推进学生的理解；四是要释放教学的多重内涵与完整价值。深度对话的过程在课堂中有师生间、生生间隐藏的内在的等静态思维活动；也有外部的外显的动态表现方式，如辩论、小组合作等。

合理梳理完善建构的过程是对重点知识点进行贯穿、提炼的过程，在此基础上，重组学生已经形成的知识结构并将其内化为学生头脑中的认知结构。这种结构化的知识更利于储存、转换和自我调节提取。合理梳理完善建构的过程更是一个自我反思的过程，作为对知识的认识，反思较一般思维活动而言层次更高。通过反思，人们获得不同于感觉所得来的内部经验，使自己的认识得以升华，使自己的实践行为趋于合理，同时，在反思过程中自我得到发展，形成一种反思的能力。

（四）基于"结伴学习"的对话课堂教学

《学记》云："独学而无友，则孤陋而寡闻，盖须切磋，相起明也。"可见，在学习中结伴的重要性。结伴而学，可以不断开阔思路，不断接受启迪，也能使意义不断流动、生成、再造。基于"结伴学习"的对话课堂教学，不仅丰富了教学形式，同时也打破了传统班级师生、生生之间的孤立与隔离，极大地促进了学习者之间的沟通交流，在多向互动中增强学生对学习共同体的参与意识

图 4-9 基于"结伴学习"的对话课堂教学

和学习的兴趣及热情；结伴学习鼓励每一个成员积极提出自己的观点，共同探讨、争论和对话，通过观点的交锋和思想的碰撞，成员可以获得对同一主题内容不同视角的理解，得以更好地建构自己的知识体系。在共同完成任务、相互协作、共同学习的过程中加深对知识的理解，培养自身的学习能力和思维创新能力，实现意义学习，增强学习效果。

结伴始于共同的目标愿景。在课堂上，教师要善于用合适的任务、明确的目标来激发学生的兴趣，引导他们进行对话。在对话学习的过程中，结伴的选择是多元的，既可以是真实存在的老师、同学，也可以是虚拟的网络学习平台。结伴的选择可以是自主的，不同任务可以有不同的结伴方式，可以是指定结伴，可以是自由结伴，结伴成员的数量可多可少，完全依据学习的需要。

如图 4-10 所示，研究小组的成员利用网络的虚拟环境进行结伴，这里的共学者既有研究小组中的学习者，也有助学者（包括教师、校外专家、家长志愿者等），他们共同构成了一个学习团体，在虚实之间很好地交互，实现自我（外部真实世界）和虚拟学习团体的深层交互，实现深度对话。这样的结伴学习既实现了"我—我"对话，通过学习资源的上传、讨论话题的引发等个别化学习活动不断加深体验，自我显性知识和隐性知识相互转化；也实现了"我—他"对话，而且这种对话是多维度的，交流更加充分、深入。

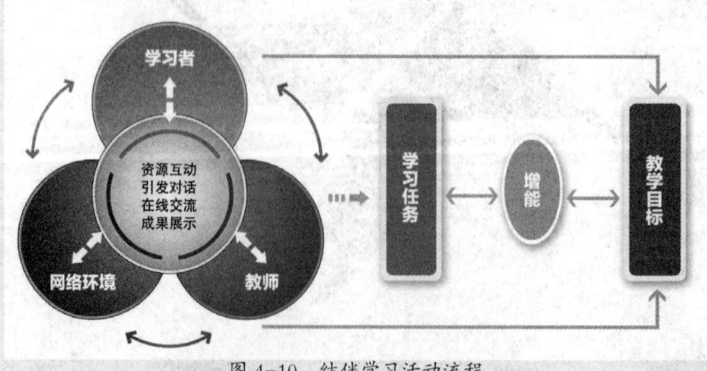

图 4-10　结伴学习活动流程

（五）基于"整理学习"的对话课堂教学

整理，在现代汉语中的释义是"整顿，使有条理、有秩序，收拾"。当代建构主义认为，"学习意义的获得，是每个学习者以自己原有的知识经验为基础，对新信息重新认识和编码，建构自己的理解。"而整理则是实现这一目标的重要路径，整理能力是学习能力的重要组成部分，体现了学生对所学知识和学习方法进行再加工的能力。

数学教材从四年级开始出现"整理与复习"的教学内容，正式将"整理"这一概念在教材中提出，并通过问题引导的方式启发学生对所学知识进行再认识、再加工。

在五年级上册的数学"整理与复习"课中，一位教师在进行"数的世界"主题教学时，就组织学生展开基于"整理学习"的课堂对话教学。

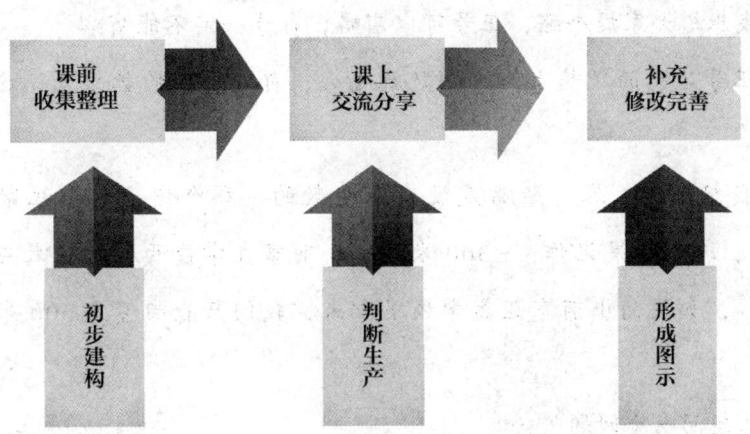

图 4-11　基于"整理学习"的对话课堂教学

师：经过一个学期的学习，我们掌握了很多新的知识。今天让我们一起走进"数的世界"，一起来整理和数有关的知识。（板书：数的世界）

师：课前我请同学们自己整理了这方面的内容，谁愿意上来和大家一起

来交流一下？请刘希雅。（刘希雅在展台上展示自己的思维导图，边展示边介绍）

刘：我将这一部分的知识分成正数和负数、用字母表示数和小数的相关知识这三大类。下面，我和大家一起来交流一下正数和负数相关的知识。正数和负数在生活中有很广泛的应用，例如，3摄氏度我们记作"+3℃"，读作"正三摄氏度"，-3摄氏度我们记作"-3℃"，读作"负三摄氏度"；向东走定为正数，那么向西走就定为负数。据史料记载，早在两千多年前，我国就有了正负数的概念，掌握了正负数的运算法则。但直到十七世纪荷兰人日拉尔（1629年）才首先认识和使用负数解决几何问题。我的汇报就到这里，还有谁来补充？

生1：0既不是正数，也不是负数。

生2：正数都比0大，负数都比0小。

生3：正数一定大于负数。

生4：我想给大家提个醒，正号可以省略，负号一定不能省略。

生5：正号后面的数越大，这个数就越大；负号后面的数越大，这个数却越小。

生6：我想提醒大家，距离是没有正负数的。举个例子，小红家在学校东边三百米，我们如果记作"+300米"，小丽家在学校西边三百米应该记作"-300米"，如果问小丽家距离学校多少米，我们只能回答是300米，千万不能带负号。

生7：我想问一个问题……

刘：感谢同学们的补充和提示。

刘希雅同学的整理，带领同学们一起回顾了正负数在生活中的应用，知道了负数产生的历史，了解了我们祖先超前的智慧，而其他同学的补充和友情提示则进一步完善了她的整理，也完善了同学们对这一部分知识的理解。

这一过程的可贵之处是：每个学生的整理都有自己鲜明的个性；学生为了证明自己的理解，不断地举例说明；学生引导其他学生来追问；学生在整理时能列举出好多错例；从相互否认到彼此认同的历程充满了思维的含量。

回头来看，这样的一个学习过程是真正的意义学习，是真正的建构学习，因为，课堂上似乎没有了老师，但事实上又多出那么多的"老师"。

第三节 对话课堂的核心要义——思辨式学习

"学习就是要学会思维"。[①]杜威的意思非常明确,不以"学会思维"为核心,就不是真正的学习,亦不是真正的教学。而"思辨式教学",恰恰点击了学习、教学的核心问题,让思维真正发生,就是让学习真正发生。

"思辨"源于哲学术语,是一种思考方式,包含思考和辨析两层意思。思考指的是分析、推理、判断等思维活动,而辨析则体现在对事物的情况、类别、事理等的辨别分析。在信息化的时代,一个人能力的高低很大程度上不是以已经掌握的知识储备为标志,而是要看是否具备一种良好的思维方式,具有良好的思辨能力。学必有思,以思促学;辨必有思,思辨结合;慧源于思辨,思辨中生慧。因此,思辨是一种面向未来的重要素养。银城小学的思辨式学习是在对话教育映照下提出来的;思辨式学习本身就是一种对话,而思辨让对话有了思维的含量。

在多年的课堂实践中,银城小学形成了基于思辨式学习的对话教学变式。(如图 4-12 所示)

[①] 杜威. 我们怎样思维 [M]. 北京:外语教学与研究出版社,2015.

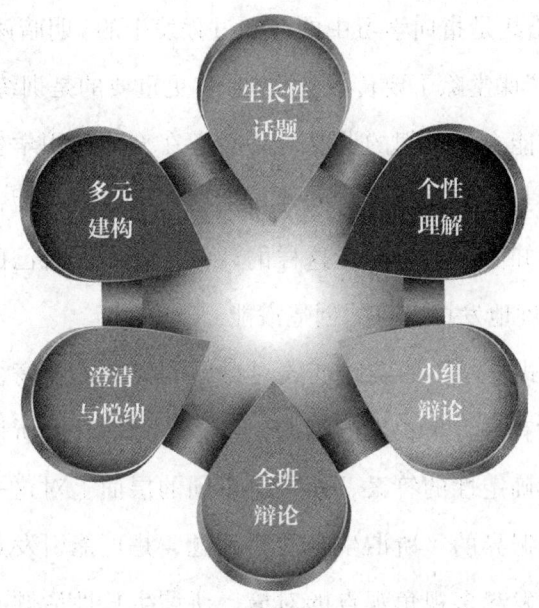

图 4-12 银城小学"思辨式学习"的对话教学变式

在这个变式中，上述六步是一个基于操作的明线，其实，它的背后还有一条暗线。（如图 4-13 所示）

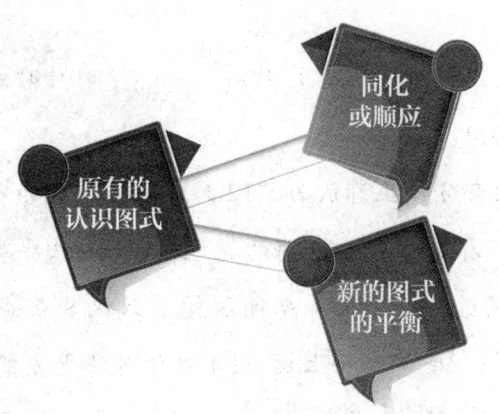

图 4-13 银城小学"思辨式学习"的认知过程

很明显,这条暗线是指向学习中的认知过程发生的。明暗两线吻合同步。"学起于思,思源于疑。"课堂除了要传授学生知识,更重要的是训练和培养学生质疑、思辨、批判的思维能力。我们的课堂对话教学在充分利用学生原有认知图式的基础上,引导学生与文本对话、与同伴对话、在集体中对话,从而在思辨式学习中建构起新的认知图式。学生在这样的课堂中能够以自己的思维解读文本、进行学习,最大限度地发挥自身的创造潜能。

其实,"思辨式学习"的实践变式对话题的要求比较高,不是每节课都可以适用的。因为只有具有生长性的话题,辩论才好展开。所谓生长性的话题,不是指向一元性和确定性的答案,而是从不同的层面上对这一话题展开分析,得出的结论常常是迥异的。所谓生长性的话题,是可能引发意见、争议或两难的命题,能有效激发起多视角观点的对撞。所谓生长性话题,是比较巧妙的,富有情感性和趣味性,解决的过程往往可使学生同时享受到多元智能角逐带来的快乐。在设置生长性话题的同时要关注参与度,话题一定是孩子够一够就可以进行的,能调动全体学生参与。还要注意话题的"真",贴近真实的生活情境,贴紧学生真实的学习经验。让我们一起来看一个有趣的教学案例。

> 一位老师在课堂上提问"24时计时法"和"12时计时法"谁更方便,并引导学生进行争论、思辨。
>
> 开始的时候,大部分学生都认为"12时计时法"更加方便。有的说"平时说习惯了",有的说"看起来方便",有的说"24时计时法要减去12,太麻烦了"。
>
> 这时一个学生问道:"如果《新闻联播》只说8点播放,你能知道它指早上还是晚上吗?"一个学生马上说"24时计时法更方便,因为一看就知道时间指上午、下午还是晚上。"慢慢地,好多学生都改变原来的看法,认为"24时计时法"更加简洁。最后一位学生总结出了一句非常客观、中肯的话:"24时计时法"和12时计时法"各有好处。

"'24时计时法'和'12时计时法'谁更方便"就是一个生长性的话题，这个话题与孩子的生活息息相关，对这个话题孩子可以依据各自的体验形成自己的原认知，从而引发思辨和争论。同时，这里的争论不强调分出胜负，而是强调通过争论加深了学生对这一知识点的认识，使学生更全面地了解各种方法，从而达到深入理解、合理运用的目的。

基于思辨式学习的对话教学，不仅需要生长性话题，还需要教师对辩论过程进行有效的组织和调控。首先，合理解释话题，并对辩论的流程提出明确的建议和要求。其次，积极地回应辩论中提出的观点、意见，营造自由、宽松的对话环境支持学生的辩论。再次，适时提供相关的背景知识或者学习资源，以增进学生对话题的理解和认识，对学生的合理立论给予必要的学习支持；关键是当学生的辩论停滞不前，或有陷入争吵的危险，或辩论失去平衡之时，教师要及时介入，找到对话难以维系的原因，对症解难。最后，在辩论结束时，教师既要了解在辩论中学生建构了哪些关于话题的知识，达成了哪些共识，还要了解产生的争议，并对辩论过程中对话的有效性、立论的合理性进行评判，同时把评判的结果告知学生，以帮助学生形成正确的自我认知。

关于思辨式学习，银城小学还创造并实践了多种方法。

一、学习地图

"学习地图"实际上就是人们所说的思维导图，思维导图是一种将放射性思考具体化的方法。放射性思考是人类大脑的自然思考方式，每一种进入大脑的资料，不论是感觉、记忆或是想法——包括文字、数字、符码、香气、食物、线条、颜色、意象、节奏、音符等，都可以成为一个思考中心，并由此中心向外发散出成千上万的关节点，每一个关节点代表与中心主题的一个联结，而每一个联结又可以成为另一个中心主题，再向外发散出成千上万的关节点，

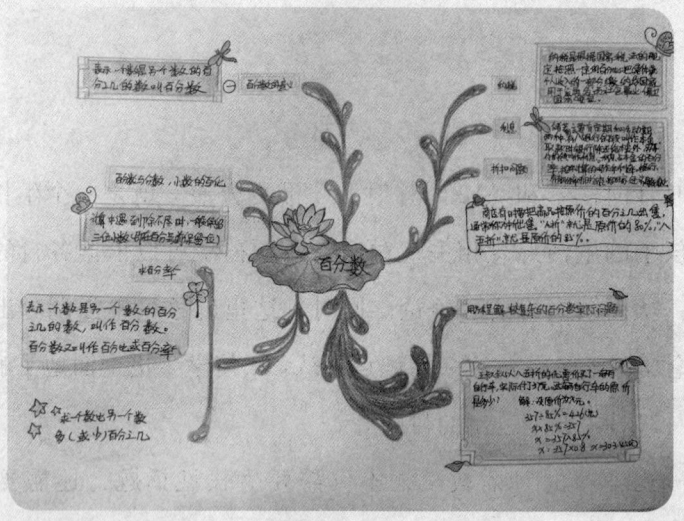
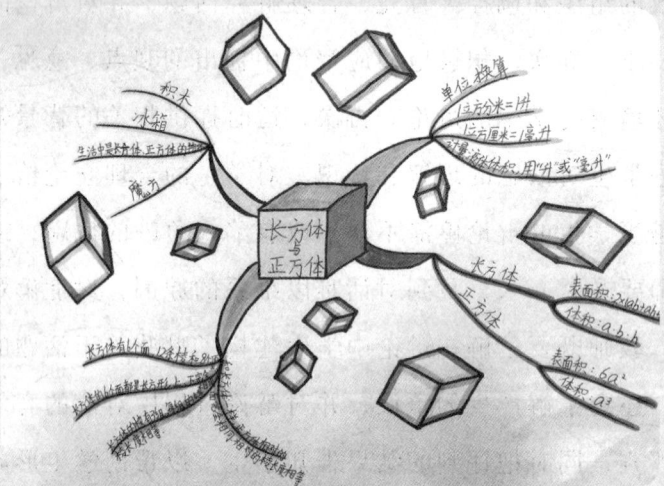

图 4-14 数学复习课中的"学习地图"

呈现出放射性立体结构，而这些关节的联结可以视为一个人的记忆，也就是一个人的个人数据库。

这一张张"学习地图"让深度对话成为一种可能。首先，提供了主动思维的机会和平台，让学生亲历知识梳理、自主建构知识结构的过程。其次，概念的理解更加深刻，并借助图示形成了网络，为师生的多元对话、深度学习提供了可能。这样的学习就脱离了教师独白式的知识传递方式，而走向了师生共同学习知识创生的过程。

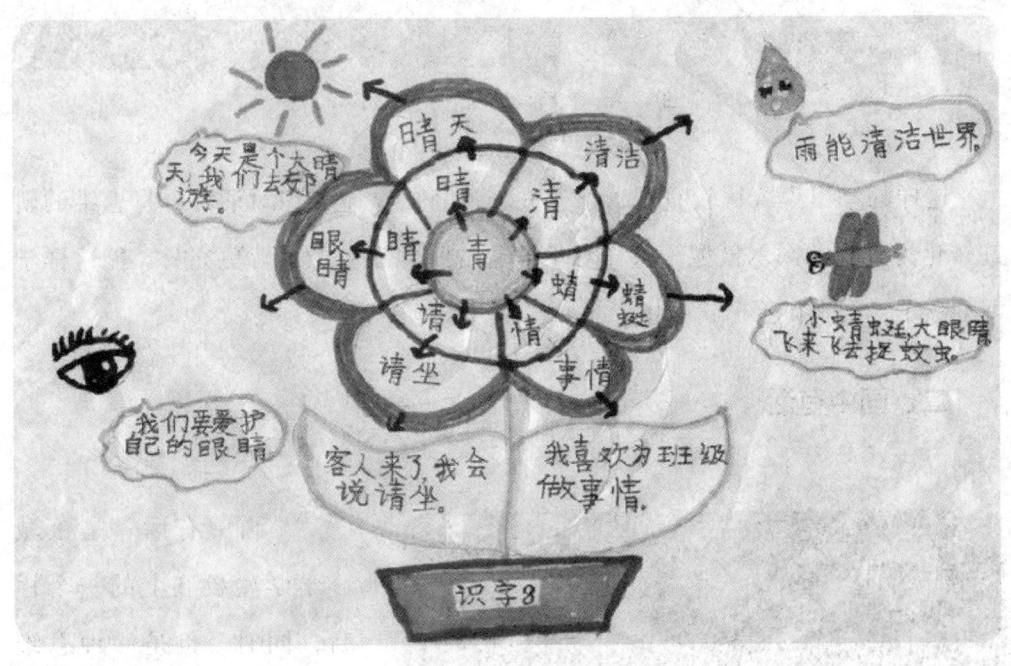

图4-15　语文汉字学习中的"学习地图"

汉字学习中相同字音、相近字义字形的数量较多，传统的对比式学习耗时费力、枯燥乏味，容易让学生产生厌倦和畏难情绪。如果化静为动，教师和学生一边学习，一边把静止、烦琐的汉字形象化，往往能以简驭繁，帮助学生有效进行理解和记忆。同时，借助"学习地图"引发思维扩散并将其进行外显，这样便能扩大了对话涉及面，保证了对话的广度。

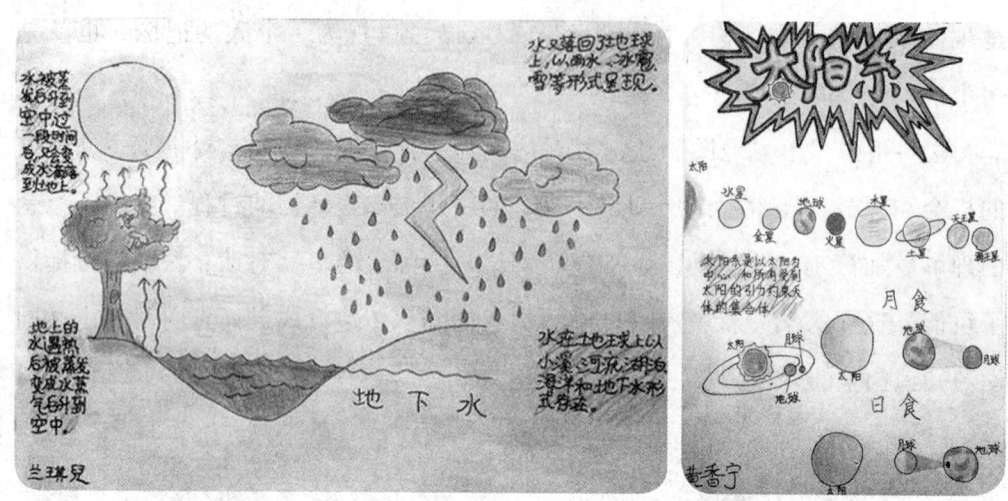

图 4-16　科学学习中的"学习地图"

这样的学习模式比较直观,学生先与静止的文本知识对话,再将思维的轨迹转化为动态的图示模型,这样对于抽象的科学现象的理解更充分。能这样学习的孩子,会走得更远、更快。

二、画中有话

图 4-17　"画中有话"的思辨式学习

"画中有话"是银城小学学生校刊上的一个栏目,同时,也是一种思维学习的方式。图画是一种内心独白,学生借助图画,可以反映一个主题,可以讲述一个故事,可以体现一段哲思,可以记录一段历史,可以比较不同的事件……它形象、生动、简洁，洞悉精微，寥寥数笔，却能对现实进行抽象、整合、提炼和加工，勾勒出一幅幅生动的生活画卷。

一起来看几幅学生的作品。

图 4-18 学生的"画中有话"作品

爸爸、妈妈还有我，面对面做家务，各自有各自的看法；奶奶的唠叨，像乱飞的子弹，多么形象；教室外的梧桐，教室外的小鸟，大自然里寄托着孩子最丰富的情感。有图，有话，我们看到了一颗颗鲜活的童心，也触摸到了思维的脉动。

除了借助图画表达心声，孩子们还常常图文结合，以文配图，以图配文，文图相映成趣，比如面对孩子自创的这幅漫画，不同的孩子配上了不同的文字：

也许，在另一个地方，白天是黑夜，黑夜是白天，牛奶是吃的，面包是喝的，一切都是反过来的！

——五（10）班　王牟雪祺

凡是人，内心总有，光明与黑暗。希望它们，平衡而存。

——五（10）班　王灏霏

水是一面镜子，在这里，你总能看到真实的自己以及真实的一切。

——五（5）班　邹宇桐

图 4-19　孩子们自创的漫画

看看水中的自己，那到底是谁，是我吗？也许，那里的一切和我这里一模一样。

——五（5）班　徐一鸣

我，没有一个朋友。这时，一个声音传来："没事，还有我陪着你！"原来，我把自己给忘了……

——六（9）班　周嵩明

当我孤独的时候，我常常会看看镜中的自己，让"我"陪"我"。

——六（2）班　朱天爱

想象力可以帮助我们发现更多的奥妙，换个角度看看自己，你会发现不一样的自己。

——五（1）班　周柚

不同的文字是不同的理解，不同的理解催生了不同角度的思维对撞，于是，对话开始了，学习也开始了。

三、类比阅读

类比是人类创造力的核心，它反映了一种把一个事物看成另一个事物的思维跳跃。作为一种重要的认知机制，类比能力对儿童的阅读发展具有重要影响。

类比是认识事物的主要方法。在同一主题的指导下，大量阅读，必然会出现文章的主题相同，文章的题材、篇章结构、写作方法、语言运用不同。这就为学习提供了类比的丰富资源。在学习中可以用列表的方法进行类比，找出各篇文章的特点和核心阅读价值。

以苏教版国标本小学语文第十一册第二单元为例，见表4-1。

表4-1 苏教版国标本小学语文第十一册第二单元课文类比阅读

文题	题材	写作方法	代表性表达
负荆请罪	历史故事，将相"和"与"不和"催生的戏剧冲突。	个性的语言展现形象性。厚重的历史背景中展现了丰满的人物形象。	"秦王不敢侵犯我国就是因为我们赵国武有廉颇，文有蔺相如。要是我跟廉将军闹翻了，后果将会怎么样？这一点你想过没有？"
最后的姿势	真实事件，一场地震天灾中老师救学生的生死选择。	通过直接的语言动作描写和侧面烘托，展现师爱的博大与无私。	在教学楼即将坍塌的瞬间，还有四位同学冲不出去了！谭老师立即将他们拉到课桌底下，双手撑在课桌上，用自己的身体护住了四个学生。
船长	经典小说，诺曼底号遇险时船长勇救乘客，与船共沉大海。	通过简洁的命令，环境的衬托，刻画忠于职守的船长形象。	"必须把60人全都救出去！""哪个男人敢走在女人前面，你就开枪打死他！""快救克莱芒！""动作再快点！"
爱之链	经典小说，一个严寒的冬夜中爱在传递的温情故事。	通过细节刻画，巧合的情节设计，将深深的情感融入每一个文字之中。	桌上有张纸条："在我困难的时候，有人帮助了我。我也想帮帮你。"女店主不禁潸然泪下。

类比是一种思维方法,也是培养思维能力的过程。我们的语文校本教材叫《两片叶子》,采用"一例一主题"的菜单式设计,每一个主题设多个活动模块,在每一个活动模块中都设计了若干有关联性的子活动,由浅入深,层层递进,引导学生类比阅读,采用合作探究等多元化的学习方式,激发思维的火花。例如,《我的创世纪》一文中"创世神话"这一活动模块的设计,就有"创世神话大猜想""创世神话比较谈""创世神话的民族元素""今天,我们应该怎样读神话"四个子活动的设计。通过引导学生比较,使其去发现神话背后的人文主题、历史迷团,在阅读中学会阅读,让静态的阅读变成动态的分享、探究的学习体验。

　　同样的,课内教材的学习,类比也很重要。例如,在英语学习中,词汇的学习和记忆是非常重要的一个环节,但是很多孩子会采用死记硬背的方式,虽然短时间内会有一定的效果,但是就长远来看,这种方法并不可取。其实记英语单词有很多方法,比如可以通过读音,通过语境或者形象记忆等。此外,还有一种方法也非常实用,就是类比法。

　　要学会类比法,首先要了解类比构词法的特点。类比构词的特点是,以某个同类词为模式,在语义上进行联想类比,替换其中某个词素,构造出与之对应或类似的新词来。例如,workaholic(工作迷)是仿照 alcoholic(嗜酒者),而 seajack(海上劫持)和 skyjack(空中劫持)则是类比 hijack(拦路抢劫)而成。以上的例子所举的单词难度较大,而在小学英语学习中其实也有这样的例子。例如,在学习颜色的时候,可以进行延伸拓展,给学生补充 blue-collar(蓝领阶层)体力工作者,white-collar(白领阶层)脑力工作者,pink-collar(粉领阶层)典型女性职业工作者,gold-collar(金领阶层)高级专业人士。这些词汇其实在生活中孩子也会遇到,或听过,或看过,而在学习颜色的时候,通过颜色学习类比扩充一些词汇,可以帮助他们将知识与生活经验相联系,激发学生的学习兴趣。

四、学习阶梯

阶梯,指台阶和梯子,比喻晋升的凭借或途径。"阶梯"一词体现两层含义:一是体现了差异,层与层之间的高、低存在客观差异;二是体现了顺序,逐级而上,逐步攀升,将高落差分解成一系列低落差。学习阶梯,是在学生学习中对"阶梯"这一概念的学科化运用,可以分成教学目标的阶梯化和教学设计的阶梯化。

(一)教学目标阶梯化

教学目标阶梯化是指在进行充分的学情调查基础上对不同知识水平和不同学习能力的学生设计不同的学习目标,更好地关照个体差异,实现因材施教。针对不同的学生可以制定不同的教学目标。以译林版小学英语教材三年级下册第三单元的 *Is this your pencil*?一文为例,教学目标可以制定为三个层次:在第一层次中,学生在牢固掌握教材内容的基础上,培养良好的语感。能在生活中灵活地运用所学的语言,运用"Is this/that your…?""Yes, it is. / No, it isn't."等基本句型来寻找丢失物品的主人。在第二层次中,学生以掌握教材内容为主,能够听懂、会说主要句型"Is this/that your…?""Yes, it is./No, it isn't."会读写 schoolbag、pencilbox 等合成词,学生的听、说、读、写的能力在这一过程中会略有提高。在第三层次中,学生以掌握基础词汇为主,能跟上学习的进度,培养英语学习的兴趣,增强学习信心。

(二)教学设计阶梯化

教学设计阶梯化是指在实现教学目标的过程中,基于学生的最近发展区设置教学引导的坡度,创设适合学生的探究空间。

在四年级数学"数对"这一概念的教学中,一位教师就充分运用了这一方法,实现了教学难点的有效突破。

◆ 游戏：挖地雷

师：（课件出示一列小旗）这里有五面小旗，但只有一面小旗下藏着地雷。想一想，地雷可能在哪里？

（学生立即开始猜测，但没有任何方向）

师：看来，大家都是凭感觉来猜的，老师给你们提供一个线索，真的地雷在"第2个"，现在能确定了吗？已经给了你线索"第2个"，为什么还是无法确定？地雷在从下往上数第二面红旗的下面，你能指出它的位置吗？

师：看来，像这样排成一排的物体，如果确定了数的方向，用一个数就可以确定它的位置，对吗？

◆ 介绍"行"和"列"

师：（出示5行，每行5个的方阵）这次的图与刚才有什么不同？

生：点数变多了。

师：是的，这样我们找起来就更加困难了。现在，我们还能用一个数表示地雷的位置吗？

生：不行。

师：为什么不行？

师：在数学上，像这样竖着的一排叫作"列"，横着的一排叫作"行"。

◆ 激发矛盾

师：老师再提供给你们一些线索，这个地雷的位置在"（4，2）"，现在你能确定地雷的位置在哪里吗？请同学们和同桌说说你的想法。

（学生上台指出4个位置）

生：都是根据这个线索，为什么大家找出的位置各不相同呢？

师：是的，在数的时候，有人先数行，再数列；有人先数列，后数行；同样数行或者列，大家数的方向也各不相同，这样能找到地雷的位置吗？你们有什么想法？如果我们需要统一规则，需要统一哪些内容呢？

> ◆ 探究规则
>
> 师：为了帮助你们研究，老师再给你们提供一个线索，这两个位置没有地雷，他们的位置分别可以用"（2，2）"和"（2，4）"表示。你能根据这个线索，想一想统一的规则是什么吗？
>
> （学生组成四人小组开始讨论、汇报、补充）
>
> 师：刚才几个同学在汇报的时候，有没有什么相同的地方？
>
> 教小结：的确，正如大家所说，数学上规定，确定物体的位置时，先记列，后记行。数列的时候，一般从观察者的角度，从左往右数；数行的时候，则从前往后数。为了区分行和列，两个数中间用逗号隔开，这两个数合起来表示一个位置，所以可以在外面加上一个小括号，在数学上，这就叫作"数对"，读作"数对（4，3）"。我们今天研究的就是用数对来确定位置。

从"一排小旗，哪个下面可能有地雷？"到"已经给了你线索'第2个'，为什么还是无法确定？"；从提供一个数据"2"，到提供两个数据"（4，2）"，学生找到了越来越多的可能性，激发了矛盾，产生了需要。于是"数对"这个概念，没有通过教师直接告知，而是通过教师设计的一个又一个探究活动，为学生搭建了通向知识的阶梯，学生得以在自主探究中获得。

五、浮想联翩

晋代陆机的《文赋》中有一句："浮藻联翩，若翰鸟缨缴而坠曾云之峻。"那如翩翩飞鸟般不断涌现的联想，正是学习真实发生的写照。亚里士多德提出，一种观念的产生必伴以另一种与之相似的或相反的，或在过去经验中曾与之同时出现的观念的产生。在学习中展开联想，通过联想进行记忆、思考、比较，并借此沟通、联系，让思维的火花飞扬。

以一节美术课为例，《手印、指印变变变》是苏教版美术义务教育教科书一年级上册中的一课，本课以教材提供的"手"为主题，从各个层面围绕"手印、指印"展开一系列充满联想的教学活动。

猜谜："两棵树，十个叉，不结果，不开花，学习劳动全靠它。"初步感知手的造型特点。

观察："我的小手什么样"。看看、摸摸，和同桌比一比，进一步了解我的小手。

构型："比一比，画一画"。围着手形画一圈，看着图形想一想，像什么？

浮想："我的小手会说话"，做一做"手影游戏"，在教师示范变化动物的手形后，同学们也纷纷思考并相互尝试变化，如牛、鸟、兔、孔雀……"小手模仿秀"请学生对照屏幕试着模仿图片中的手形。模仿后，学生的思维顿时又开拓了不少，一只手的变化、两只手的组合、同桌两双手的合作等千奇百怪的手形应运而生。（如图4-20所示）

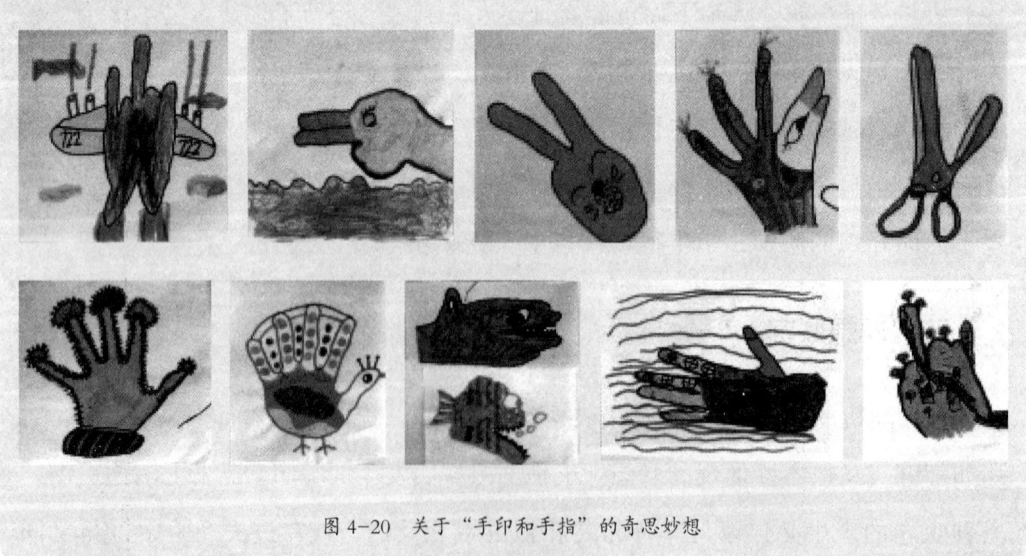

图4-20　关于"手印和手指"的奇思妙想

学生对手由观察—说名称—做事情—画手形—模仿手形，认知层层推进，再到最后的"合变"，不仅把学生的情绪推向了高潮，也真正推动了后面依据手形进行联想的思维火花的飞扬。"我们玩了手型游戏,并且记录了下来,它有可能会变成什么呢?"学生们将老师记录的手形正着看、侧着看、倒着看,将其与生活中的各类事物的造型进行结合联想,有的说像乌龟,有的说像人脸,有的说像大象……学生们的脑海里不断迸发各种想象。"你画的手形又像什么呢?"学生不断旋转画纸,在小组间相互欣赏、相互讨论,甚至迫不及待地动手在其手形轮廓中进行细节的添画。瞧,战斗机、鸭头、剪刀、大树、山坡等形象跃然纸上。即使想象的事物相同,其造型也千差万别。由画手形到在手形的基础上进行想象添画是一个转折点,通过对作业纸的翻动来引导学生主动转换思维,丰富想象空间。

平时熟悉的小手一下子成了创作的素材,显得特别有趣。并且,这种由抽象到具体的思维过程,培养了学生的创造能力。他们能够无拘无束地对记录的手形进行多角度、多方向的观察,加以大胆的联想,体验到创意的乐趣,并与同伴分享着自己想象的成果。

六、六色思考

生活中,人们喜欢给五颜六色的花赋予美好的象征意义。比如,玫瑰是用来表达爱情的通用语言。每到情人节,玫瑰更是身价倍增,成了恋人、情侣之间的宠物,不同的颜色、朵数的玫瑰还另有吉意。我们将色彩引入思考,以六种不同的颜色代表六种不同的思维模式。

第一种,绿色。绿色是生命的颜色,寓意创造力和想象力,运用它就要从求异、创意、思辨的角度去思考。

第二种,红色。红色热情、阳光,代表梦想、热血与激情,给人以奋发进取、超越自我的力量。

第三种,黑色。运用黑色思考,可以从批判的角度去否定、怀疑、质疑,寻找逻辑上的错误。

第四种，蓝色。蓝色是冷静的，负责调控各种思考椅的使用顺序，科学规划整个思考过程，通过归纳得出相应的结论。

第五种，黄色。黄色代表价值与肯定，人们从正面考虑问题，表达乐观的、满怀希望的、建设性的观点。

第六种，白色。白色是中立而客观的，运用白色思考，引导思维关注客观的事实和数据。

图 4-21 "六色花式"的思考范式

我们以苏教版六年级《数学》上册中整数除以分数的数学为例，看看同学们是如何展开"六色思考"的。

◆ 场景 A

生先独立计算，很快算出正确答案。（算式：$4 \div \dfrac{2}{3} = 4 \times \dfrac{3}{2}$）
师表示肯定并做出归纳：整数除以分数，可以转化成乘以这个分数的倒数。
新授结束。

场景 A 中的新授环节，教的氛围过于凝重，学生没能经历整个知识的形成过程，教师只是根据学生的一题而得出了结论，结论的得出显得牵强而单薄。

◆ 场景 B

师首先提问：为什么 $4÷\frac{2}{3}=4×\frac{3}{2}$ 呢？生无人举手。

师见状，自己讲解算理：1 里面有 3 个 $\frac{1}{3}$，4 里面有 12 个 $\frac{1}{3}$，每 2 个 $\frac{1}{3}$ 分为一段，所以共有 6 段。写成除法算式是 $4÷\frac{2}{3}$，写成乘法算式是 $4×\frac{3}{2}$。所以整数除以一个分数，就等于这个整数以乘以这个分数的倒数。

但是大部分学生一脸茫然，很显然，他们仍不理解。

场景 B 中，教师这样的归纳很显然脱离了学生的学习实际。分数的除法本身就是一个抽象的学习过程，教师在没让学生彻底弄清的情况下，直接用推理的方法试图让学生来明白算理，只会让学生的知识形成过程更加凌乱。

◆ 场景 C

学生首先分小组讨论交流计算方法。

师：看来有的同学已经有想法了，请把你的想法记录在研究单上。

接下来由各小组汇报想法。

（在学生独立汇报时，老师不发表意见，让学生自己去感受每一种算法的道理，让学生在聆听中去体会）

师：这几种方法，你比较喜欢哪一种，为什么？

请学生畅所欲言，表达自己的看法。

师：通过刚才的讨论，想一想，我们在计算整数除以分数时，可以转化成什么方法来做呢？为什么？

师小结：整数除以分数，可以转化成整数乘这个分数的倒数。

在场景 C 中，学生们首先运用"白色思考"，搜集题目的信息，找到基础数据。然后运用"黄色思考"与"绿色思考"，用创新的思维来考虑这些问题，不是一个人思考，也不是一种思考方法的呈现。在本课中，我们呈现了 4 种不同的思考方式，鼓励学生用创新的思维，用以前学过的知识去思考，大家各自提出解决问题的办法。在思考中，在不同的解法中，让学生得到思维的碰撞，获得丰富的解决问题的知识与经验。接着，分别以"红色思考"和"黑色思考"，对所有的想法进行分析，找出最佳切合点。到了这个时候，再运用"蓝色思考"，从经验、直觉上，对已经过滤的问题进行分析、筛选，做出最终决定。

六种颜色、六种思考模式使复杂的思考变得更清晰，在用多种方法解决的过程中大家集思广益，每个人都变得富有创造性。

八、正例反例

作家秦牧曾说："一例胜千言。"精当生动的例子，不仅能说明观点，更能激起人们思考的兴趣和丰富的联想。大文豪苏轼也说"横看成岭侧成峰，远近高低各不同"，生活是多面性的，学习亦然，多姿多彩、变幻莫测。只要我们辩证通达，并懂得转换角度、变换视角，那么我们的眼前将是另一片全新的天地。因此在思辨式学习中，我们常常引导学生运用"正例""反例"，变换事物的本质属性，在引导思辨中，从正面加深对事物本质属性和概念的认知，从反面突出事物的本质属性的否定例证。从正反两个不同侧面来审视学习的内容，加深学生对分析过程中诸多概念和定理的理解，从而优化学生的思维结构，培养学生的创新能力。

让我们来看一个有点意思的案例，情景内容为苏教版《数学》第七册"商不变规律"教学。

师：（例7后）刚才，我们通过观察、比较和归纳，发现了商不变规律。在数学中，哪些地方能用到商不变规律呢？

出示例8，学生尝试解答。

师：仔细观察，你有什么想说的？

生1：两种计算方法的结果是相同的。

生2：第二种方法在计算过程中，应用了商不变规律，把被除数和除数同时除以10，使得计算更加简便。

师小结：是的。看来，我们可以在笔算中运用商不变规律，使计算更加简便。我们接着解决第二个问题。

学生尝试独立解决。

师：对于这两位同学的方法，大家有什么想说的？

生1：他们都应用了商不变规律，笔算的过程都很简便。

生2：我想提醒大家注意，他们的竖式完全相同，横式的商相同，但余数不同。到底哪种正确呢？

（同学们不约而同开始小声讨论）

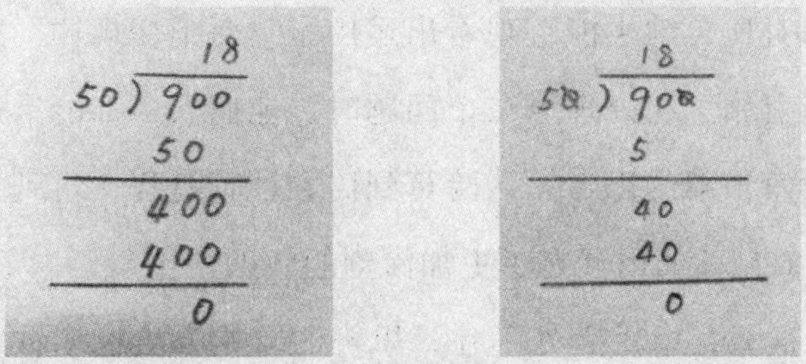

图 4-22 商不变规律（1）

生3：我觉得可以验算一下：$22×40+2=882$，$22×40+20=900$，所以我觉得第二种正确。

生4：（表示质疑）可是两种竖式最后的余数都是2啊！

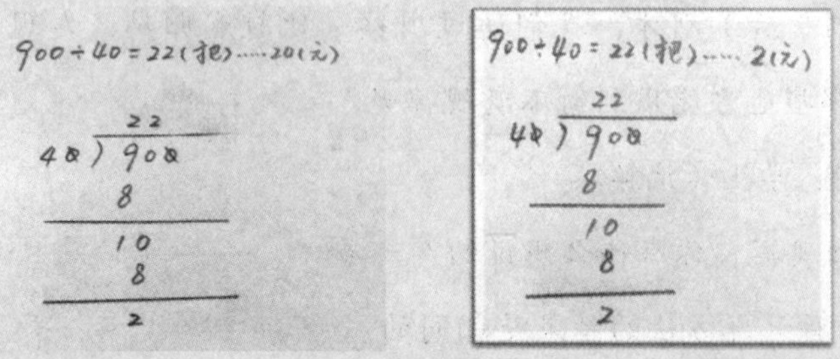

图 4-23　商不变规律（2）

> 师：（笑）孩子们，再回头看看你们的计算过程，知道为什么余数会变小吗？
>
> 生1：哦，一开始我们根据商不变规律将被除数和除数同时除以10，余数也就跟着缩小为原来的1/10。
>
> 生2：现在我知道为什么叫"商"不变规律了，原来不变的永远是商，而余数是会随着被除数和除数的变化而变化的！
>
> （大家一致鼓掌通过）

数学中有很多规律，这些规律如果不被应用，则像纸上谈兵，失去其意义。在学生探索出了"商不变规律"后，一开始的笔算中出现了两种不同写法，通过正例和反例的对比，学生能直观看出运用了"商不变规律"显然更加简便。有了这样的经验引领，在处理第二个问题时，他们大多都能准确应用规律，但余数的问题却激发了新的思考，从验算到回顾计算过程，再到找出原因所在，这一过程让他们对规律的内涵有了更加深刻的认识。

其实，大千世界，思辨无处不在，思辨的方式方法也多种多样，正如王崧舟老师所渴望的那种境界：见山只是山，见水只是水——望月只是月；见山不是山，见水不是水——望月不是月；见山还是山，见水还是水——望月还是月。在小学生的思辨能力的培养上，我们特别关注以下两个观点。

第一，宇宙间的万事万物都是普遍联系的。"城门失火，殃及池鱼。"世界上的一切事物都处于普遍联系之中,任何一个事物都和周围的其他事物有条件地联系着,完全孤立的事物是不存在的。"小时不识月,呼作白玉盘""床前明月光,疑是地上霜""举杯邀明月,对影成三人"……隽永的文字中读出的是生命与情感的联系;"绘本人物大游行""叮当演播室""超级辩手""校看天下"……在有意义的学习生活中展现的是生命和世界的联系;"老师,不是这样的,我认为……""老师,我经历过这样的事,我的感受是……"在思维的拔节中涌动的是生命和成长的联系。倾诉倾听,共享共生,创生创造,思辨让生命与生命更近一些、再近一些。

第二,宇宙间的万事万物都是永恒发展的。世界上的一切事物都在不断地运动、变化和发展,任何事物都有其发生、发展和灭亡的历史,有自己的过去、现在和将来。因此,我们要用发展的眼光看待问题:从知识大爆炸到新技术的革命,学校、课堂、学习在不断被重新定义;从独白走向对话,教学在不断走向深刻;从今天的儿童到未来的儿童,他们的视野在不断超越与发现的过程中更加开阔宏大。于是从某种意义上来说,世间一切,皆为发展的过程:思维的发展催生出学习的意义,心灵的发展创造了无限的可能,与儿童一起出发,和儿童共同发展,就长出了一片生命的树林。

第五章

「复调的对话」
——教师的专业成长

从"关系设计"出发,教师必定面临着教师和教师之间的关系,教师和学生的关系,教师个体和团队的关系,教师和各种社会信息的关系,教师和教师职业的关系,等等。

在这些关系中,教师每天都在对话,每天都在进行不同的对话,"复调的对话"是教师专业成长的必由之路。

第一节 母爱童心：教师与学生

> ◆斯霞老师与"母爱童心"
>
> "母爱童心"是著名的女教育家斯霞老师提出的教育理念。斯霞，1910年12月出生于浙江诸暨，是当代初等教育专家，先后在浙江绍兴、嘉兴、萧山、杭州及江苏南京等地小学任教，被誉为"小学教育界的梅兰芳"。斯霞曾先后担任过南京市教育局副局长、江苏省小学语文教学研究会理事长、全国小学语文教学研究会副会长等职，还被聘为全国教材审定委员会委员，因功勋卓著，南京师范大学附属小学又名斯霞小学。
>
> "母爱童心"是斯霞老师教育精神的精髓，她自己对此质朴地解释道："与孩子打成一片，这叫有童心；要把学生当作自己的孩子一样看待，这就叫对学生的母爱"。知名教育家朱小蔓教授就曾评说母爱童心"是小学教师最重要的专业特质，斯霞的童心母爱，是爱的哲学，是精神性的大爱，是当前中国社会迫切呼唤的教育文化"。

在银城小学，有一个特殊的节日——红领巾日。每年的阳春三月，银城小学的所有教职工都戴上象征少先队员的红领巾，进入校园后，学校的小摄影师会随时抓拍佩戴着红领巾的老师的笑脸。一年级的老师利用课间时间和学生们一起玩游戏、跳皮筋、玩竹蜻蜓；二年级的老师和同学们玩起了老鹰捉小鸡；三、四年级的老师在学生们中间找一个或几个"好朋友"，和"好朋友"一起做有意义的事，还要在"结对卡"上勾选，至少得选做三件事；最有趣的要属五、六年级了，这一天他们获得了特殊的权力——给老师设计作业、批改作业，督促老师订正作业，足足地过了一把当老师的瘾。"红领巾日"是银城小学独创的教师专业发展日，它旨在让老师再回童年，铸造师生共享关系。

我们一起来听一听活动现场师生的心声。

> 和孩子们一起玩"老鹰捉小鸡"，让我仿佛回到了50年前，我觉得自己变得更年轻了。
>
> ——李萍萍老师
>
> 戴上了红领巾，我好像也成了五（2）班的一员。在队旗下敬队礼，我又想起了一年级时为争取成为第一批少先队员自己付出的努力。
>
> ——朱雨灏老师
>
> 考试真紧张！学生小考官发现了我的一个错误，听他细致地为我讲解，我心服口服。
>
> ——左烨老师
>
> 说实在的，语文作业中我最怕写作文了，数学作业中最难的就是附加题，哈哈，小孩子的作业真不容易。
>
> ——张叶露老师
>
> 毕竟她是语文老师，英语方面肯定没有语文好，而且我们出的题目还是挺难的。不过看到老师们被难住了，我们还是挺开心的，很有成就感！
>
> ——六（3）班　李之岩
>
> 今天所有的老师都戴上了红领巾，他们好像都变小了，老师、学生都一样了，真高兴！希望天天都是"红领巾日"。
>
> ——三（11）班　张田甜

> 老师主动和我交朋友,我和老师一起读书,做游戏,打扫卫生,我们还互赠友谊卡呢。
>
> ——一(9)班 董米睿

一、在体验中自觉主动地走向儿童

著名教育家斯霞说:"一个好的教师,只有保持童心,才能自觉呵护童心,进而视童心无错,行童心勿欺,助童心雀跃。"让教师再回童年,从意义生成的角度看,童年意义的赋予促成教师对儿童的理解和认识。今天,教师对儿童的认识往往停留在"成人视角下的儿童""作为教育对象存在的儿童",这种认识不能促进教师对儿童的真正理解。而通过师生角色的互换唤醒教师的童年记忆,会让教师反顾童年,既是对自己童年生活的回顾,更重要的是对当下儿童生活的回望。教师与"曾经的儿童"和"永恒的孩子"建立了联系,与自身的童年建立了联系,这样,才能站在儿童的立场发现儿童、理解儿童。

理解就是与理解对象之间的对话。这种对话不仅是指两者之间狭隘的言语交谈,更是双方心灵的敞开和接纳,是双方共同在场、相互吸引、相互包容、共同参与的关系。这种对话更多地是指相互接纳和共同分享,指双方精神的互相承领。在对话中,双方通过沟通理解对方的意义。[①] 在"红领巾日"中,教师一方面通过戴红领巾、玩童年游戏、做儿童作业这一系列"再体验"的方式重复并超越"儿童的心路历程",进而对儿童的生命表现进行把握。另一方面,这一系列的活动唤起了教师自我的童年记忆,于是教师不自觉地通过自身的童年,关照当下的童年,在共通的客观精神中,实现对儿童、成人自身的童年意义的追寻,从而实现了师生之间的相互接纳、共同分享、视域融合,最终生成新的意义世界。

---

① 金生鈜. 理解与教育:走向哲学解释学的教育哲学导论 [M]. 北京:教育科学出版社,1997:130.

二、在共感中满怀深情地亲近儿童

对话关系的建立,是经验的共有,是快乐的共感,其实也是情绪的共感。因此,教师要把自己变成教育的对象——儿童来思考,要在与儿童的共同生活中将自己的生命体验和感受与儿童融为一体。这正是我们常说的"为师不忘童年梦,常与学生心比心"。

(一)和儿童一起游戏

"文明是在游戏中产生和发展起来的,真正的文明离开游戏是不可能的。"[①] "只有当人是完全意义上的人,他才游戏;只有当人游戏时,他才完全是人。"[②] 游戏是儿童文化的重要部分,在游戏时,教育无为而为。课堂上我们实行"35+5",留出5分钟的时间给老师和学生一起玩游戏,老师和学生一起玩的同时也是在一起经历学习的过程。如数学课上我们一起玩过"数字迷宫""魔法转轮""水果方阵""蚂蚁部落""神秘入口""魔轮设计师""手指碰碰碰""数宝宝的排队""照片中的小秘密""大战水果牌"等20余个有趣的数学游戏,孩子们可以在玩游戏的同时锻炼自己的数学本领,在数学的学习中获得快乐的体验和成功的积极情感。

计算枯燥吗?用"手指碰碰碰"的小游戏可以邀请小伙伴和老师一起边玩边练习20以内的加法,不仅要算对,还要认真思考获胜的策略。迷宫有意思吗?加入数学元素的迷宫不仅充满探险的趣味,还要积极开动脑筋,运用数学知识来解决遇到的一个又一个问题。

---

① [荷兰] 胡伊青加. 游戏者——对文化中游戏因素的研究 [M]. 成穷, 译. 贵阳: 贵州人民出版社, 1998: 27.

② [德] 弗里德里希·席勒. 审美教育书简 [M]. 冯至, 范大灿, 译. 北京: 北京大学出版社, 1985: 80.

（二）和儿童一起研究

苏霍姆林斯基曾说过，"儿童就其天性来讲，是富有探索精神的探索者，是世界的发现者"。自由和探索是儿童的天性和本义，教育就应顺应这种天性，坚守这一本义，引导并促进他们进一步去探索和发现。和儿童一起研究，应该从倾听儿童的问题开始。以数学学科为例，下表列出了许多富有探究趣味的研究问题。

表5-1 学生"数学与生活"研究问题例选

年级	学生	研究问题
一年级	王誉霏	"大纽扣穿小圆孔"的数学奥秘
一年级	何昌霖	马路上哪种颜色的汽车最受欢迎
二年级	张添语	说个话话儿容易，见个面面儿难
二年级	陈柏伊	小懒虫上学记
三年级	奚粲宸	小心误入商家促销的数字陷阱
三年级	郑婷尹	家庭生活中"表"的秘密
三年级	张亦石	打破砂锅问到"底"？
三年级	李劲贤	小墨囊的"大阴谋"
四年级	李宗源	包书 Try Try Try
四年级	杨东奇	"两点"之间最"近"的路不一定是最"快"的！
五年级	徐子琪	一张"工资条"引发的思考
五年级	邹致远	中国队能出线吗？
五年级	乔一瀚	篮球投手的秘籍
六年级	曾宇璘	最神奇的数字——藏于金字塔

儿童的问题总是蕴含着他们对世界独特的思考，只有悉心倾听，才有可能像儿童一样去思考。当然，研究更重要的是共享彼此对问题的探究过程，共享彼此对问题的认知和体认，甚至提出新的问题。这是一种思维的共享，能拓展彼此的精神空间。

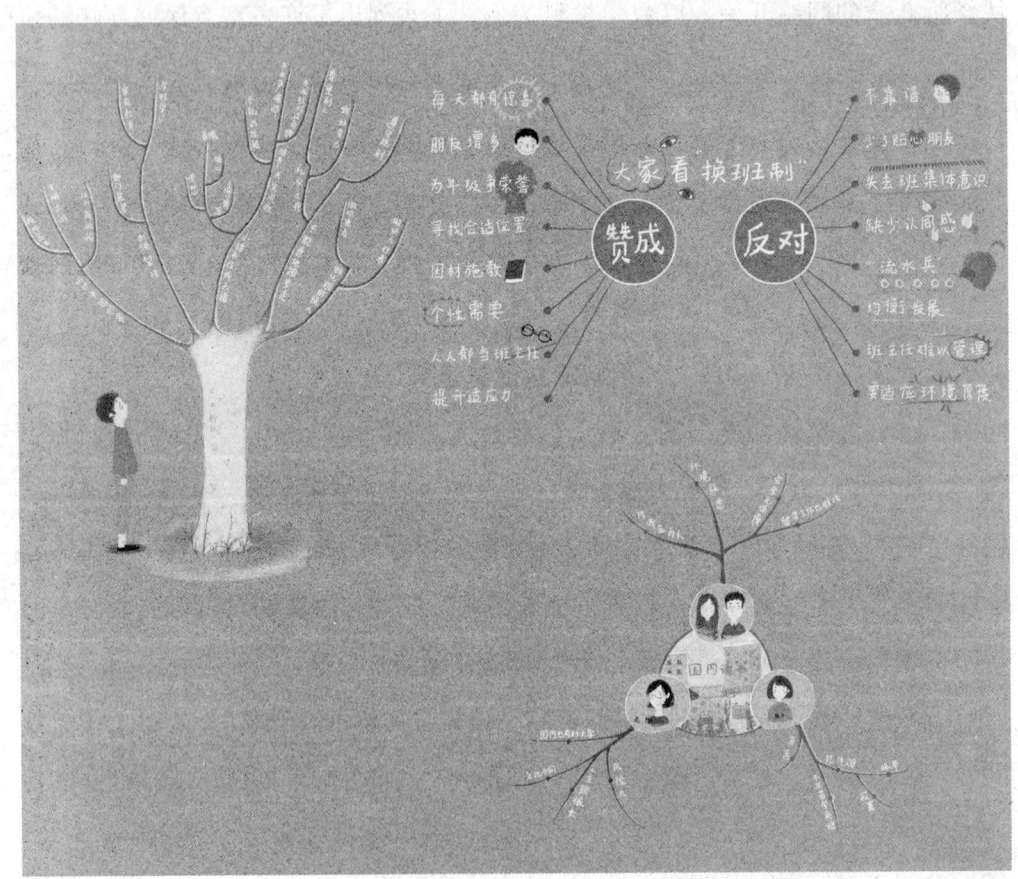

图 5-1　师生一起研究的小问题

（三）和儿童一起做梦

儿童是一种梦想的存在。鲁迅先生对儿童的想象世界刻画得入木三分："孩子是可敬服的，他们常常想到星月上的境界，想到地面下的情形，想到昆虫的语言，他们想飞上天空，他们想潜入蚁穴……"对于儿童来说，"幻想不仅是他们的首要乐趣，也是他们自由的标志，是他们对生命的超越。"① 有了瑰丽奇异的想象，平凡甚至枯燥的生活也会绽放出迷人的光彩，这些天马行空、无所不能的想象，给儿童插上了自由飞翔的翅膀，在梦想中挖掘着祖祖辈辈共享的精神宝藏。② 要尊重儿童在成长过程中编织和描绘的梦想，守护与保卫儿童的梦想，倾听儿童的梦想，这种尊重中也包含着成人对自我童年梦想的回忆与肯定，同时也唤醒了教师的童年感。在"红领巾日"中，师生共写主题为"我的梦"的文章并进行互评，增进了师生间的理解和沟通。

> 在云朵上，我和云彩们嬉戏，和小鸟们玩耍。我可以从这片云朵上蹦到那片云朵上。太阳温暖的光芒照在我的身上，暖进了我的心里。在云朵上，我可以吃到各种各样的棉花糖。有的像花朵，有的像小猫，有的像蝴蝶，有的竟像孩子的笑脸。在天空玩乐时，我都不想回家了，真想在空中过一辈子无忧无虑的生活。
>
> ——三（4）班 郭乃萌
>
> 我曾经许多次梦见自己走在一大片森林里，四周漆黑一片，头顶被绿得发黑的树叶层层遮挡，冷风在我的耳边轻轻地吹过，树叶也随风摇晃，我被这一切搅得迷失了方向，只能在原地打转，我害怕地望着四周，希望能从中找到一条出路，哪怕是一条小小的路也行呀！
>
> ——二（5）班 蒋宇坤
>
> 梦中始终有一缕书香。书香满屋，满屋书香，窗外的阳光很灿烂。留住书香，

---

① 朱自强. 儿童文学的本质[M]. 上海：少年儿童出版社，1997：75.
② 刘晓东. 童年是一种原型[J]. 山东教育（幼教版），2000（11）：33.

> 畅享书香，人生有它一路陪伴，眼睛会更明亮，岁月会成为愉快的时光，万千思绪也会如花般次第开放，让孩子在书香的浸润中茁壮成长，就是我的企盼，也是我心中永远的梦。
>
> ——顾洁老师

三、用母爱润物无声地引领儿童

马克思说："成人不能变成儿童，否则他就稚气了。但是儿童的天真难道不使人感到愉快吗？他自己不该在更高的程度上使儿童纯朴的本质再现吗？"教师应该是"长大的儿童"，用纯粹、超然的母爱在潜移默化中开发儿童、引领儿童、发展儿童。

案例一：教训可以是甜的

学生小野的头撞破了，正在外校开会的我接到电话后急忙往医院赶。等我赶到医院，小野的伤口已经包扎好，于是我和小野一起返回学校。

回到学校，我把小野安顿在办公室吃午饭后，就急忙赶往教室。孩子们都紧张地坐在自己的座位上。当我的目光与茜茜相遇时，发现她的眼神中还透着小野所描述的害怕。我知道，当务之急不是训话和批评，而是对孩子们进行心理调节，并带领他们一起总结这次事件中的经验教训，避免类似事件的再次发生。于是，我轻轻地问："当时你们害怕吗？"

……

"我为做你们的班主任感到自豪！"

孩子们都紧紧盯着我，那种天使一般单纯、稚嫩得需要呵护的眼神，让我的眼眶有些湿润。

> "你们看,游戏的时候出事了,班主任又不在。你们虽然很害怕,但还是很沉着,知道去报告老师,知道照顾受伤的同学。而茜茜也让我看到小天使般的善良。"我的声音有点儿哽咽,几个小女孩的眼圈也红了。
>
> 我拿出一罐巧克力糖发给大家:"孩子们,这糖第一奖励你们的善良和勇敢。第二代表王老师的歉意,你们最需要我的时候,小野缝针的时候,我都不在,我感到很抱歉。"
>
> 孩子们纷纷剥开糖,放入口中,和我对视的眼神那么安宁、纯真。

在走进教室的一刹那,教师敏感地从孩子的目光中发现了他们的恐惧,教师于是从儿童的心理出发,在和儿童发生情感共振时,走进了学生的心田,甜甜的教训也留在了学生的心窝。此时的教师也成了儿童,与他们的心贴得那么近。

案例二:我和你

> "可可,今天早上老师介绍的是哪几本书啊?"下课了,我拉了拉同桌的衣袖,仰起脸问她。正巧老师经过,她弯下腰,凑到我的面前:"你想读?""嗯嗯!"我直点头,眼神里流露着渴望。"好,老师买给你。"我感到十分意外和惊喜。
>
> 午休时,老师捧着三本书走进教室,我"嗖"地一下冲到老师的面前,"老师,书是送给我的吗?"老师朝我笑了笑,在全班夸奖我是个爱读书的孩子,并把其中的一本书送给了我,另外两本放在了"快乐书吧",供全班同学阅读。
>
> 这一天,阳光正好,百草园的花开了,光顾书吧的同学格外多,大家或端坐在椅子上,安安静静地看着书;或三两成群,脑袋顶着脑袋,托着腮帮,聚精会神地看着书,不时还咯咯地笑出声。书籍,给予我们多少温暖和力量,一时间,阳光把空气晒得暖融融的,花香、书香交织在一起,弥漫在班级的小小天地里。

儿童的一切都有待重新发现，教师的职责就在于观察儿童，发现儿童发展的种种可能性，帮助他们找到发展的最大可能和最好可能。教师在用孩子喜欢的方式教育孩子，这是一种爱的方式，他们知道孩子喜欢故事中的人物，于是带书，为孩子读书，和孩子一起阅读。这样，书中的儿童与教室里的儿童走到了一起；这样教师的教育也润物无声地走进了孩子的心底。

案例三：Give me five（击掌）的价值

> 又到身体素质检测的时期，操场上又多了许多"小青蛙"，他们一蹦一跳，有的是为了达标，有的是为了跳得更远……每每这时，我就会想起那个他。
>
> 他是我们班出了名的小胖子，个子矮，身体重，立定跳远这活儿对他来说很困难。每每与其他学生一起跳时总被笑话，次数多了，他就不跳了，躲在一旁，自暴自弃。那一天，我无意路过，就微笑着走上前，对他说："好孩子不是和别人比出来的，是和自己比的。你个子小，身体又有些重，跳得没有别人远没有关系，只要你每天坚持练习，每次超越自己就行。你愿意试试吗？"他瞪大双眼看着我，半信半疑。"老师陪着你，来，give me five！"击掌后他从操场起跑线上向前跳，每跳一次，我都在地上做一个标记，第二次如果比第一次跳得远，我们就击掌一次。就这样，他反复地跳，我们反复地击掌，他也反复地超越自己。Give me five是夸孩子的另一种方式！

教育不是教师的独舞，而应是师生共舞。如果我们的教育生活从教师的世界转变为师生的世界，那样，教育就能收获意外的精彩。"Give me five"本身就是一种邀请，邀请儿童走近教师，同时也是邀请教师自己的加入。教师变成儿童，是为了引领儿童，引领儿童走向崇高，在儿童的心里筑起一块精神的高地。

在银城，永远有这样一个节日——红领巾日，它让教师的心中永远住着一群孩子，使教师在平等的对话关系和童年体验的共享中与儿童共同生活，以智慧之心感悟童心，让灿烂的母爱呵护童心，用纯粹的童心提升母爱。

阅读链接：2015年度银城小学红领巾日活动方案

活动主题：再回童年

活动目的：

1.重温童年，做大儿童。做儿童做的事，玩儿童玩的游戏，体验做儿童的乐趣。

2.蹲下身子，亲近儿童。倾听儿童心理，结对前行，呵护儿童成长发展。

3.学生亦为吾师，敬重儿童。把儿童放在心中，学生也是我们的老师，建立和谐的师生关系，实现儿童与教师的共同成长。

活动时间：2015年3月10日

活动对象：全校师生

活动安排：

1.戴一天红领巾（全体）。晨会仪式上，全校教职工戴上鲜艳的红领巾，并坚持佩戴一整天。校园小摄影师将随机抓拍没有佩戴红领巾的老师。

2.拍一张合影（全体）。在队旗下，敬一个标准的队礼，合影。

3.玩一回游戏（一、二年级）。利用课间时间和学生一起玩一回游戏，如跳皮筋、跳房子、老鹰捉小鸡等，重温童年的乐趣，拍照留念。

4.找一个朋友（三、四年级）。在学生里找一个好朋友或几个好朋友，在当天和他们一起做一些有意义的事，在结对卡上勾选，至少选做三件事，学生认证签名。如分享一个彼此的小秘密，一次面对面辅导，陪他（她）做一件最喜欢做的事，写一句想对他（她）说的话，进行一次家校沟通……

5. 做一份作业（五、六年级）。语、数、外老师和学生一起完成一份综合作业，共同经历抄写、做题、批阅、辅导、订正的过程。

6. 认领一棵树木（团员老师、学生代表）。由团员老师带领各班学生代表，到校园中去认领一棵树木，填写认领卡，负责这棵树在整个学期的日常维护管理。宣读倡议书《我们的校园我们的家》，倡议"爱绿护绿"行动。

第二节 探究合作：教师与教学研究

苏霍姆林斯基说："如果你想让教师的劳动能够给教师带来乐趣，使天天上课不至于变成一种单调乏味的义务，那你就应当引导每一位教师走上从事研究这条幸福的道路上来。"这说明之所以幸福，是因为共享。如同一个旅行团，为了共同的目的地走到了一起，坐大巴、乘火车、上飞机，不管途中多么艰苦，但最终能够一起共享美景。教师的研究是教师最经常的、最直接的共享关系，不仅仅指备课、上课，更不仅仅是某一次的教学设计，而是个人才智的发挥，团队智慧的大成。

然而，现实中教师面临的问题很多很多。华中师范大学教育学院王娟老师是这样描述的："教师是最具挑战的工作之一，上课前，你必须花上数小时来为一节45分钟的课堂制订计划，搜集资料，完成备课。上课时，你需要眼观六路，耳听八方，关注几十位学生的课堂反应，脑子里搜索着下一步的教学内容，思考着对于学生的反应如何反馈，手上的粉笔还扬在半空中。"

"你的学生有许多疑问，他们的家长有许多疑问，你对教学有更多疑问，有时你会抱怨，抱怨那些课堂内外无法解决的困难……"

怎么办？如果教师的问题能置于教研组织之中，如果教学研究是教师共享关系的成立，如果每一个老师都能在其中愉悦地探究，那么，我们能不能以设计思维为利器，改变这些问题呢？

"设计思维"最早出现在美国社会科学家西蒙的著作《人工智能科学》中。西蒙将"设计"定义为"让当前环境变得更好"，并首次将"设计"视作一种思维方式。历经长期的发展与变化，"设计思维"的概念被广泛地运用于教育领域，走进了校园，并帮助学校管理人员解决制度性问题，帮助教育者开发创意课程。

设计思维有五个元素：同理心、下定义、构思、原型、测试，这五个元素之间不是线性关系，而是立体的三维关系。其中的任何一个环节都可以随时发生或重复进行。银城小学将设计思维引入教学研究，并以此建立教师的共享关系。

一、教师愿景（同理心）

愿景也可以说是设计思维的同理心。由教师自己制订，借由团队讨论，形成组织一致的共识，找到大家愿意全力以赴的未来方向。当我们怀揣着教育的梦想从学习的学校走向工作的学校，从懵懵懂懂的学生走向初为人师的教师，学生、家长、课标、教材、课内、课外……我们一次又一次地问自己：我们要到哪里去？"标准60条"，就是我们专业成长的目标，实施的路径就是"对话"。和孩子对话，不要"没心没肺"地撞倒孩子；和课堂对话，让学习充满生长的气息；和研究对话，踏上丰盈的职业创造之路。

银城小学的《教师发展行动纲要》中明确提出：教师是学校发展的第一资源。学校要努力营造良好的教师专业发展生态环境，以蓬勃的事业、交融的情感、宽阔的平台，让教师享受"工作第一、生活第一"的快乐的教师职业生活。

教师们又是怎样表达愿景呢？

> 到底谁才是追风筝的人？望着远方的风筝，我们追寻，我们仰望，在追风筝的路途中，我们诠释一整个世界。这途中，有沟壑、有山坡、有彷徨、有疲乏。

> 可是,没有人会停下前进的脚步,因为,我们都是追风筝的人。
>
> ——赵捷老师
>
> 每个人的心中,都睡着一个美好的自我。每个孩子的心中,都睡着一个好孩子。我们的工作就是唤醒,唤醒向上的自我,唤醒美好的人性……
>
> ——赵苇老师
>
> 儿童,是这个世界上最美好的存在。他们是一块块清透的美玉,等待塑造;他们是一个个绚丽的火把,等待点燃;他们是一朵朵美好的鲜花,等待绽放。和孩子在一起,一起寻觅世界的美好与善良,一起遇见最精彩的未来。
>
> ——王倩老师

二、教师课程

既然教学研究是教师的旅行,毫无疑问,课程就十分重要了。按设计思维理论,课程是帮助教师认识关系,重构关系,重新思考开发对话教学创造力的途径。银城小学共开发了三大类课程,以帮助教师更好地进行教学研究。

(一)阅读类课程

鲁迅先生说:大可以看看本分以外的书,即课外的书,不要只将课内的书抱住。必须如蜜蜂一样,采过许多花,这才能酿出蜜来,倘若叮在一处,所得就非常有限、枯燥了。

现在,很多教师沉陷于"专业",只读教科书、参考书、专业书,忘记了书海浩瀚,也忘记了现在的儿童信息量增加迅速,涉猎范围越来越广,很难想象一个不读书的教师怎么跟上时代的步伐,怎么令自己的课堂妙趣横生,怎么让学生喜欢自己,进而喜欢自己教的学科呢?于是,我们有了教师阅读课程。

读书内容

1. 吟诗词

古诗词像春花,为我们展现了人间最美好的生活;古诗词像秋月,为我们倾唱出人们最细微的心曲。吟读古诗词如在花海中徜徉,其色、其香、其味熏陶着人的心灵。

看教师们在"四点读书"栏目里,留下的阅读诗词的心得:

> 读《千秋一寸心》,听周汝昌先生说唐诗宋词,犹如品一杯陈年香茶,浓酽却不苦涩。印象深刻的是先生的文风。先生对于唐诗宋词的解读,并非一味求全,而是根据感悟或从某个角度如意象意境、民俗背景、诗体结构入手剖析,让人不会觉得有"千篇一律"的乏味。讲自己喜欢的,说自己激赏的,文白相错的文风,谦逊幽默的言辞,无不让人深刻体会到先生对诗词打心眼里的喜爱,这才是学习的乐趣啊。
>
> ——谷柔薇老师
>
> 安史之乱时期的"诗圣"杜甫,关心百姓疾苦的白居易,他们二人有很多描写战乱、兵役重压下百姓苦难和无奈的诗句。杜甫的《石壕吏》,白居易的《新丰折臂翁》、《卖炭翁》令我更深入地了解到诗人心里的悲哀和愤慨。《蒋勋说唐诗》一书中将两首诗对比,写出了白居易写《长恨歌》时的心境变化,令人感叹。
>
> ——邱晨老师

还有教师诗性大发,迸发出了创作的灵感:

> 陈茵苦水，今是而昨非，
> 这不是咒语。
> 而是已经风干了的回忆，
> 给时间以时间，
> 直到时间化成了你。
> 风霜雨雪，我的归来，
> 竟成了一场悲剧。
> 一片废墟中，
> 我还在，
> 等着你。
>
> ——赵忠媛老师

读诗书不仅能使人灵秀，更能使人文明和高雅。当沉默比雄辩效果更好时，我们说"此时无声胜有声"；当离别感伤时，我们吟"劝君更进一杯酒，西出阳关无故人"；当相爱的人相隔两地时，我们唱"但愿人长久，千里共婵娟"。除此之外，还有"生当作人杰，死亦为鬼雄"的壮烈，更有"曾经沧海难为水，除去巫山不是云"的情怀。我们的心灵在诗歌中自由徜徉。

2. 读经典

经典是民族文化的结晶。人类文明的成果，就是通过经典的阅读而代代相传的。要用人类、民族文明中最美好的精神食粮来滋养我们的下一代，使他们成为一个健康、健全发展的人，教师就更应该读经典。

郭冬老师读鲁迅的《呐喊》后写下了这样的感受。

> 他不愿做彷徨年代里沉默的大多数，在如晦的风雨中，他化身孤胆英雄呐喊出时代最强音！吃人不吐骨头的狂人世界里，一大波行尸走肉匍匐而来。

孔乙己苟延残喘蹒跚着走向灭亡，闰土从天真的小英雄沦为瑟缩的木头人，豆腐西施的圆规造型让人尖叫着躲开，破落之家里单四嫂子还不知明天在何方……

郁莹老师读完《我们仨》后，分享了这样的文字：

读完《我们仨》，没有预期中的悲从中来，但整个人都是闷闷的，仿佛被哽住了一般。92 岁的杨绛在回忆三人以往的生活时，是哀伤，是无奈，还是通透了一切后的淡然？古驿道上的相聚相失、夫妻二人的探险逗趣、钱钟书的"格物致知"、艰难时期一家人的相守相助……好似电影镜头一般反复出现在眼前。他们与世无求，与人无争，只求能够相聚相守在一起，这三个出类拔萃的人对待人生的态度如此简单、如此朴素，所以即使遭遇困境，他们也能在彼此了解的小快乐中找到满足。"世间好物不坚牢，彩云易散琉璃脆。"杨绛说得没错，人世间不会有小说或童话故事那样的结局——"从此他们永远快快活活地一起过日子"。人间没有永远，唯有珍惜，人生才会少些遗憾。

3. 聊流行

流行书是指在一段时间内最流行、最畅销的书。这类通常占据书店排行榜的前几名，往往效益颇佳，常常被媒体所关注。

李璐老师读了国内原创青春类图书评分排名第一的《你好，旧时光》一书，写下了这样的文字：

回首以往的旧时光，似乎来不及抓住任何一件东西，奏着或明朗或低沉或惆怅或静然的曲调，消逝了一个又一个时辰。也真是难得在家里踏踏实实地待

> 了这么久，享着归来的温馨，如轻尘飞鸟，垫着脚尖儿，走走停停，再回到安逸里窝着。旧时光，再见；新时光，你好。

《岛上书店》是一本现象级全球畅销书，一年之内畅销美、英、德、法、日等25国，是一部感动全球千万读者的阳光治愈小说。马方英老师读后，这样评说：

> 这是一本令人温暖的小说，它没有太多离奇情节，甚至在刚开始读的阶段让人感到有些平淡无味，但字里行间却能让人感受到温暖的力量、爱与被爱的能力、付出与接受的意愿……拯救了陷于孤独的灵魂。我相信不论何时何地，只要心中还有爱，生命便不会孤单。

如果说读经典的书，就发现了世界的入口，那么读流行的书，就走在了时代的前列。了解时代前沿的信息，也是了解儿童的一个窗口。

读书形式

教师们阅读的书籍内容纷繁复杂，形式也是各式各样。

1."四点读书"

"四点读书"是指每周四下午四点，教师们在学校阅览室里自由选择读物，静心读书。苏霍姆林斯基说："把每一个学生都领进书籍世界，培养对书的酷爱，使书籍成为智力生活的指路明灯。这些都取决于教师，取决于书籍在教师本人的精神生活中占何种地位。"每周固定的阅读时间，让教师们读书，与大师对话，汲取新知识，提高自身的文化素养。

2."萤火虫夜话"

这是教师们自由阅读后，自发的一种行为。他们将自己读的文字，借助声波、网络分享给大家。阅读不仅在于汲取新知识，还在于提升个人精神生活的幸福感。这里没有权威、没有专家、没有门派，不尚古、不崇洋、不认证、不发证书，而是一群为自己而读书的人，在一起单纯、认真、深入地读书，一起吸收、一起判断、一起选择、一起分享。

3. "6789 好时光"

这是 60 后、70 后、80 后、90 后阅读分享的时刻，有时我们同读一本书，有时我们共读一人的书，你说我讲，他说我听，大家各抒己见，热烈交流，形成了百花齐放、百家争鸣的局面。

同读一本《乖，摸摸头》，教师时露和杨天各有自己的体会：

> 看完《乖，摸摸头》后，我深深地被大冰及他的朋友们的故事所吸引，虽然我没有到过这么多的城市，但他们爱的传奇故事让我着迷，让我喜爱上这里。我喜欢大冰用最幽默的语言讲述最真实的感情故事，简单而质朴，让内心最柔软的一面泛起涟漪。真实的故事自有万钧之力，而本书讲述了12个真实的故事，带给我的是满满的感动……
>
> ——时露老师
>
> 书里用一个个鲜活的故事，让我们和小说里的人物一起，感受着悲欢离合，体验着不同的人生。回头想想自己都看了些怎样的故事，杂草敏、兜兜、老兵、阿明、大鹏、妮可、大树、木头、毛毛、椰子姑娘、成子、豆儿，还有昌宝师弟，都深深震撼着我，让我知道原来我不是孤独的，我不敢做的事，真的有人在做，他们过着忠于自己的生活，并且过得很幸福。让我有梦可做，有梦敢做。
>
> ——杨天老师

共读白岩松的书，教师的想法又各不一样：

> 《幸福了吗》是我读的第一本白岩松的书。所谓读书，大概就是你和这本书找到了共鸣。这本书表达了这样一种观点：在这个世界，说一千道一万，其实最后自己的感受才是最重要的。不要拿自己的人生过别人的生活，不管你是商人、政客、学者、工人，你只要内心平静祥和，你就是幸福者。我想，内心强大，简单生活，身心平静，真心满意自己的生活可能就是真正的幸福吧。许多事自己看得更透，快乐便更多一些。有些事说着容易、做着难，仍然执着，不得轻松，所以请对自己说：放下。
>
> ——徐萍老师
>
> 《白说》这本书首先吸引我的是它的名字，何为"白说"？作者调侃式的话语却解了心中之惑：尽管"说话不是件好玩的事儿"，依然向往"说出一个更好点儿的未来"，就算"说了白说"，可是"不说，白不说"……在读《白说》中，一句话却让我醍醐灌顶，恍然大悟："名著之伟大从来不在于它所谓的'中心思想'，而在于围绕这个'中心思想'，它拥有太多人人心中有而个个笔下无的动人细节，正是这些细节，诠释了种种亘古不变的真理。"或许这些书真正打动我的是它们之中动人的细节。
>
> ——汪琳莹老师

4. "周末书会"

周末的时候，我们有时会在学校的报告厅分享故事，争辩思想。我们一起读完《三棵树的命运》后，就"给每棵树开花结果的时间"这一经典语句讨论展开，交流自己的理解和看法：

> 一方是直面思维的老师，认为等待很重要，老师要有"牵着蜗牛去散步"的耐心；同时也要坚信一切皆有可能。老师要相信，儿童的发展可能会有一千种、一万种。此外，这句话也暗示了成长需要时间，儿童如此，年轻老师也是如此。

> 另一方是批判思维的老师，他们认为不是每一棵树都会开花结果的。有的树就是无花果，但他们依然郁郁葱葱傲立山头。也有人认为每一棵树应该有自己的样子，不为他人，只为自己，不要因为身旁的树开花了、结果了，自己就按捺不住了，憋出一朵花，长出一个果，干瘪无味，惹人笑话……

教师在不同的树中，寻找不同的花果，生长不同的智慧。

"一个人不读书要受到命运的惩罚，一个民族不读书要受到历史的惩罚。"教师只有不断地阅读，不断地充实与提高，让读书成为一种生活方式，才有可能真正站在教育的前沿，成为最好的自己。

（二）自由研究类课程

20世纪中期，美国的课程改革失败后，不少教育学者意识到，课程改革的范式不能是"程序化开发"，应该走向"教师实践"，他们提出："课程改革不能离开教师，没有教师的发展就没有课程的发展。"课程要进入课堂，教师最为关键，教师才是课程真正的诠释者。因此，教师对于课程存在着解释、开发和创造的本然关系。成尚荣先生在《教师专业发展应有大视野和大格局》一文中也指出，教师要成为课程的领导者。领导者意味着什么？就是指教师要主动参与课程开发，积极地创造课程和教材。我们的"自由研究课程"正是基于这样的理性思索提出来并付诸实施的。

我们的自由研究课程有几个特点：首先，研究的主体是自由的，可以是一个教师的独立研究，可以是几个教师结成的伙伴式研究，也可以是一个教研组的教师组成的研究部落。不存在学校牵头的"拉郎配"，而是教师自由结成的"朋友圈"。其次，研究的课程也是自由的，可以是基于教师个人兴趣和特长的个人课程，可以是一个学科范畴内连续延展的深度课程，也可以是不同学科基于某个主题线索的无界融通的实践课程。再次，课程的呈现方式也是自由的，可以是一个系列化的课堂学习方案，可以是几个主题实践活动的实施概要，也可以是翻转学习微视频或者学习图谱，等等。

近五年，学校共形成三十余个自由研究小团队，相应地也开发了三十余个自由研究课程。其中，有几个自由研究课程可谓是"明星课程"，有银城"三剑客"团队研究的"对话古诗"课程，有银城"指时尚"团队研究的"当传统遭遇时尚"融合课程，有银城"五朵银花"团队研究的"毕业季的全科学习"课程，有银城"我的团"团队研究的"学生节日"课程。还有银城信息组的"机器人"课程，科学组的"舒马赫"课程，体育组的"悦动课程"……还有48位教师在研究自己的"南京市个人课题"，这些课题有些已经变成了个人课程，有些正在转化的路上。这些自由研究课程的出现，极大地丰富了学校实践活动课程和地方课程体系，不仅是对学校"对话课程"的一个重要补充，其本身更是充满活力的课程生长因子。"自由研究课程"让学校的"快乐周三"课程变得"非常不一般"，孩子们特别喜欢这样的课程，"自由研究课程"就像一股甘泉，给孩子们的心灵送去了阵阵清凉。

1. "28-9"实验室

银城小学分为两个校区，一个在南京市鼓楼区闽江路28号，一个在湘江路9号；两个校区既独立运转，又协作发展。银城小学的教师分散在这两个校区里，同一门学科的教师形成了良性的合作与竞争关系。"28-9"，既有对话的意思，也有携手并进的含义。课堂就是一种实验，让学生在课堂上提出问题，思考问题，操作着，验证着，成长着；教师在课堂实践着，反思着，创造着。

"28-9"实验室，是银城人在课堂教学改革中的一块试验田。他们在其中找准课堂"增值点"，展开教学现场接龙；围绕"思辨主张"展开学伴辩课。对话课堂研、磨、说、辩，如火如荼。"28-9"实验室的教师逐渐形成"因学而思，因思而辨，因辨而慧"的教学主张。"28-9"实验室的学生善于发现，乐于倾听，既能自信表达，又能悦纳彼此。不一样的课堂，拥有不一样的精彩。

2."每周 500 字"

银城小学的校园里，有这样一群厉害的人每天都在不停地看、不停地写。无论是读书还是写作，对于他们而言，如同吃饭一样自然存在着。"每周 500 字"是他们 QQ 群的名称。

笔者从他们发表在 QQ 空间的文章里摘取了这样一段话：

> 初看这个 QQ 群的名称"每周 500 字"，这个字数选得特别好。对于一个老师来说，写 500 字太容易了，但是后来当我坚持下来才发现，其实不然。在我坚持的第一个月里面，我发现很多时候根本没有灵感，坐在电脑前完全写不出来，过了好久还是一片空白。我觉得这样不行，就算没有灵感，500 字也得写啊，那怎么办呢？后来我发现不能等感觉，要主动去找感觉。在写作过程中要不断地去记录，记录流水账也很重要，这种状态持续了很久，才意识到其实有时候凑够500 字也不容易。但我慢慢发现，只要坚持就会有收获。我不断地写，不断地发到群里，处于"打鸡血"的状态。这样一个月写下来，我真的感受到：不要等感觉来找你，你要去找它。然后，我再次坐在电脑前，静下心来，就有了信心，能够顺畅地写下来，这是第一个月的感受。第二个月坚持写作的时候，我有了懈怠期。之前我有很多文章受到了认可，我就想写得更好，有些着急，写作就没有那么顺利了。但这也是一个不断修炼的过程，能看到自己的每一点曲折和进步。
>
> ——大智若愚

一个真正自由写作的人，是无须别人督促的。笔下的文字是自己阅读后生发的感受，是拿起笔顺流而下的思维碰撞。

3."MPAIS 创意空间"

M 代表 music（音乐）；P 代表 physical（体育）；A 代表 art（艺术），I 代表 information（信息），S 代表 science（科学）。"MPAIS 创意空间"，就

是集合音乐、体育、艺术、信息、科学多门学科,让教师跨越自己教学的学科边界,向外界学习并寻求多元素交叉的学习方式。教师们每月根据一个学习主题,整合"MPAIS"多样学习资源,采用多种学习方式,有针对性地展开跨界交叉活动,来获取创新灵感,最终达到学习效果。

一花一世界,一项目一收获。银城小学打开学科的大门,让学科穿越教材、校园、线上线下的边界,让无限可能随时随地发生。

(三)分阶学习类课程

每位教师在其职业发展道路上,都会经历从青涩到熟练的过程,银城小学为处于职业不同时期的教师们设计了科学合理的分阶学习课程,由浅入深地帮助教师们学习教育专业理论、习得教学方法与技巧,促进教师专业发展走上更高的台阶。

表5-2 银城小学教师分析学习课程表

研修类别	课程名称	课程内容	主要学习方式	培养目标
1	基础性课程	应知应会应能 读书积累	授课制 帮扶制	会按规则上课 形成基本习惯
2	发展性课程	教育基本理论 课堂积累与分享	社团学习 教学试验	有教育想法 课堂教学良好
3	前沿性课程	教育信息 教育专著 教育人物	名师辅导 论坛 课题研究	发挥引领作用 成为教学骨干 形成一定风格
4	选择性课程	由教师自主选择、自由探究	自主定制	形成有特色的教学风格

以数学为例,数学的知识点很多,每个知识点之间都有千丝万缕的联系,如何将这些知识之间的联系在脑子中构建出自己的数学体系,形成适合自己的数学思维呢?教师需要建构,教起来才能游刃有余;学生需要建构,学起来才

会如鱼得水。否则学一个个单纯的、零散的知识，做一道道无聊、无意义的题目，是没有任何价值的。因此，思维拓展营是数学教师学习的乐园。银城小学针对不同时期的教师有不同的训练计划。

1. 对刚入职的教师

针对刚入职的新教师，重点训练的是数学语言表达能力。因为思维是一个思考的过程，这个过程如果教师能通过语言将其表述出来那就说明没问题了。学校让新教师每天给同办公室的老师讲一至两道数学思维题，并要求其能口述思考过程。有经验的教师听了以后，帮助新教师进一步分析：说得是否正确？条理是否清晰？还可以怎么思考这一题呢？

2. 对已经入职的教师

我们会召集已经入职的教师每周聚一次，看看他们做的思维训练题，关注是否一题多解，训练他们的求异思维；关注是否融会贯通，训练他们的思维发散能力。

3. 对教学骨干教师

教学骨干教师的则会每月研讨一次，商榷这样教可以吗？那样学可以吗？不这样教，还可以怎样？

"数学思维"是一个抽象的概念，再多的语言都没有办法把它描述清楚，只有当你真正拥有了这种能力的时候，才会明白。教师经过训练，为儿童提供探索问题的机会，教会儿童如何分析数学问题、解决数学问题，引导儿童培养自己的数学思维，构建自己的数学体系，让儿童喜欢数学、学好数学。

三、教师活动

1. 晒课

森林有了阳光，变得更加葱翠；大海有了阳光，变得更加深邃；校园有了阳光，才会更加灿烂。这个学期，银城小学变"赛课"为"晒课"，让课堂走到阳光下，更让课堂变成开放的平台。"晒课"和"赛课"不仅仅是名称的不同，更是观念的变更，赛课强调的是竞争，晒课则更加亲切，更加柔和，其中有竞争，更有合作。9月，晒党员示范课；10月，晒教研组长展示课；11月，晒青年骨干研究课；12月，晒对话课堂实践课。各类教师、各种课型都在阳光下绽放光彩，形式多样，层次丰富。晒课前，教师们刻苦钻研教材、教法，进行试教、反复修改教案等，进行精心准备。晒课时，各科教师展示风采，体现各科特色。语文老师的课堂设计巧妙，学生学习水到渠成，体现了和谐的课堂气氛。数学老师的课堂突出环节连贯、有效练习，让学习真正发生。英语老师的课堂突出思维导图的有效利用，生动活泼，体现了灵动的课堂气氛。美术老师、信息老师、音乐老师以及体育老师的课着眼于学生的学法指导，给学生带来创作的灵感、运动的魅力和美的享受，体现了和谐美好的课堂氛围。教师们亮出的是教学风采，展示的是教学魅力。除了晒课，银城小学也晒各种与教学相关的研究。每个月各年级推出语文、数学和综合学科各一名教师进行展示。9月晒微课、10月晒教案、11月晒反思、12月晒论文，内容丰富，尽显精彩。教师们晒出的是勤勉，晒出的是创意，晒出的是对儿童的呵护。哲学上讲，交换一个苹果，得到的只有一个苹果；交换一种思想，得到的却是更多的思想。每月一次的"晒课"活动，教师们得以分享研究的快乐，共享教学的成果和对话教学的理念。这样的教学活动，调动了老师们教学研究的热情，营造了积极奋进的工作氛围。活动中，教师们展示创意，闪现灵感，应用技术，在智慧与灵感的碰撞中，"晒课"活动精彩纷呈、妙趣横生。

2."模特"

银城小学长期坚持与名师对话，以提升教师的专业修养，磨砺教师的教学水平。多年来，银城小学的教师们与刘军、江和平、刘红、蒋军晶、戚韵东、高丛林等多位江苏省内外的名师、特级教师亲密接触，在不同学科领域内与他们深入对话，甚至同台展示。青年教师更是珍惜学习机会，他们采用"模特"

学习法，练就自己的真本领。

镜头一，我们与特级教师魏洁、张冬梅、张齐华共研。2016年12月22日，全体数学教师分在两个校区，观摩华东六省一市教学现场会活动中三位特级教师带来的精彩课例，旨在从特级教师的课中学习和思考"如何让思辨在数学课堂中生长"。

58位数学老师围坐在一起，仔细研究了特级教师魏洁老师三年级的"平均数"一课，特级教师张冬梅老师的"和的奇偶性"一课以及特级教师张齐华老师五年级的课例。观看完特级教师的课后，教师们纷纷结合课堂实践谈了自己将如何在课堂中渗透思辨。田娜老师提出要给孩子自由生长的欢快，大胆放手自己的课堂，这样就能带来数学课堂的高效；骆蓉老师认为一节好的数学课，教师一定要准确抓住思辨点，通过质疑、追问、引导、假设、推理等多种教学方式帮助学生理解新知；左烨老师提倡把问题抛给学生，鼓励学生找破绽，使问题在争论中明晰，让学生敢于质疑，赢得思辨的最佳时机。

当大家热烈讨论结束后，教师们会根据自己的意向，加入不同的"模特"小组。由成熟型教师担任组长，青年教师担任"模特先锋"，将特级教师的课堂实录整理出来，然后在本班执教该课。最后由组长带领小组成员进行评课与反思。

镜头二，我们与特级教师刘军老师探寻成长之路。在银城小学北校区的一楼报告厅里，语文教研组的老师们，正进行"2016我们的青春课堂"教学活动。活动中丁慧老师执教《九月九日忆山东兄弟》一诗，杜丹老师执教《登鹳雀楼》一诗，两位青年老师在课堂上充分展现了青春活力的课堂风貌。课后，刘军老师对这两节课进行了精彩点评，并为教师们做了主题为"成就，与苦、累结伴"的讲座。刘军老师结合自己的专业成长经历，温和细致而又生动地讲述了基本功在教师专业成长中的重要性，从普通话的规范表达到汉字的美观书写，再到教案的精彩设计，刘军老师呈现给我们的是一个语文教师孜孜以求的成长之路，带给我们的是无尽的钦佩与敬仰。

镜头三，我们与特级教师江和平共研备课。北校区一楼报告厅里卞禅老师和陶晨老师分别为大家呈现了一场精彩的研究课。课堂上，卞禅老师用唯美的音乐和文字让学生感受到莫高窟的精妙绝伦、宏伟壮丽。陶晨老师的课堂设计层次分明，细致精彩，让学生逐步体会"青海高原一株柳"的坚毅、神奇。课后，江和平老师首先对两位教师的课堂设计、教学过程给予了高度的评价，而她们扎实的基本功，对教材细致、到位的钻研精神也给江老师留下了深刻的印象，同时江老师也对如何改进课堂教学设计提出了一些建议。评课之后，江老师还给与会老师们带来了主题为"备课，学会五种思考"的专题讲座。她从教师备课时的理论、学情、资源、教法、学法五个方面提出了自己深刻而独到的见解。这次与特级名师零距离的培训活动，以及他们带来的精彩讲座让所有教师感悟良多，启发颇深，受益匪浅。

3.点赞

古人说："入芝兰之室，久而不闻其香。"当勤勉成为一种工作方式，当优秀成为一种教育常态，我们的眼睛常常会因为习惯而失去了发现美的能力。开学以来，借首月"相约课堂"的契机，我们推出了"为你点赞"的主题活动，旨在唤起教师们对身边同事的关注，关注身边优秀的人和优秀的事，从身边寻找榜样。同时，被点赞的教师在活动中也会因为得到肯定而更有信心、更有动力将工作做得更好。"为你点赞"的活动从课堂开始，我们立足课堂，开启了全新的"互动式巡课"模式，转变"检查与被检查"的对立式管理为"互学习 共成长"的互动式管理。

◆互动式管理的改变

（1）从"找问题"到"赞亮点"，改变管理者的视角；

（2）从"被检查"到"互学习"，改变教师的心态；

（3）从"有空听"到"规定巡"，改变管理的节奏。

> ◆ **具体流程**
>
> （1）首月，课程部、级部、教研组共同巡课，开学第一个月完成对每位老师的听课，评选出"优课教师"并进行网上公示、点赞；
>
> （2）"优课教师"组成听课团。我们将四月、五月、六月每月第三周周一定为"优课教师推门日"，届时"优课教师"进行行政听课，完成听课记录；
>
> （3）教研组长每月交一份巡查记录。对本教研组的课堂常规以及作业进行检查并反馈。

活动中，我们以年级或学科为单位，为教师们的课堂点赞，关注课堂亮点，分享智慧瞬间，通过"为你点赞"，我们推出了多名"明星教师"，形成了一系列的精品课堂。接着，我们将活动走向深化，走向全面。4月的"为你点赞"活动中，除了课堂，我们还将关注点放到了作业上，为细心批改作业，运用创意评价方式的老师们点赞；5月，我们还点赞班级管理，为尽责尽职、充满爱心的班主任点赞；6月，我们还点赞"最美的他（她）"，全员参与，点赞对象不限，内容不限，只要是校园中闪光的人和事都可以点赞，让活动更加自由和全面。我们不仅有同事之间互相点赞，也有学生为老师点赞，我们还通过发出"点赞函"，让家长参与到活动中来。随着活动的开展，各个年级各门学科有200多位教职员工在活动中收获好评。学期末，我们还从被点赞的教师中选出代表，参加学期末的"颁奖典礼"，通过"故事宣讲""才艺展示"等活动，在全校范围内宣传教师个人和团队的优秀事迹，展示教师的多彩技艺，颂扬勤勉敬业的优秀教师，传递了满满的正能量。

"为你点赞"让教师们找回了发现美的眼睛，关注工作中的温暖瞬间，关注身边的动人事迹。爱是世间最美的礼物，而赞美则是世界上最温馨的语言。一次次"为你点赞"，凝聚了教师们的爱心，激发了教师们的热情，体现了银城大家园的美好。以平凡演绎精彩，用赞美表达欣赏，为你点赞，为教育路上的所有人点赞!

4. 相约

这是银城小学对话教学的特别栏目,也是教师共享的一个平台。校长、教师就随堂课的情况交流沟通,教师们在这里提高。

陈德中老师亮出了自己的评课标准:

(1)完成主要的教学任务,内容不遗漏;
(2)达成基本的教学目标,主线不偏移;
(3)争取"让学"最大化,流程不凌乱;
(4)体现自己的课堂理解,设计不拘谨;
(5)关注学生对话和思辨,时空不封闭。

徐萍老师这样和其他教师商榷:

像这类问题,譬如"你知道怎么去苏宁大市场吗?"是否可以换成"你知道如何从你家去学校吗?"因为,毕竟从家到学校或从学校到家对于学生来说更为熟悉,而且两个目标间的路线指向性更明确。

在讨论地图的作用及重要性,观察地图的构成内容时,是否可以追问学生:你看过哪些地图?(例如不同区域的地图,不同年代的地图,不同用途的地图,等等)你喜欢哪一种地图,为什么?

在作业表现形式上,是否可以打破全班统一绘制"动物园地图"的方式,提供给学生更多选择:"小蚂蚁地下的家"的地图、"我是小小飞行员"的飞行航线图、"宇航员"的航线图、"我的花圃"区域分布图……甚至,打破单一的画的形式,让学生撕贴一些图形(例如弯弯曲曲的线路、动物头像标示等)拼贴在作业纸上,然后再进行想象添加。

周珏老师则用语文的"见"与"不见"说道：

> 在殷浩隽老师的《春夜喜雨》一课中我看见了语文。课堂上，老师先带着学生回顾学习古诗的方法，然后让学生小组合作自学《春夜喜雨》。孩子们的学习积极性调动起来了，个个抢着汇报，古诗中的理解重点迎刃而解。
>
> 在印慧老师的课堂上，我听见了语文。《蘑菇该奖给谁》是一篇以对话为主的文章，在兔妈妈和小白兔、小灰兔的角色扮演与朗读训练中，孩子明白了"蘑菇该奖给高手"。
>
> 在许春银老师的课堂上，我看见了学生的思维在语文课上发散。老师在课堂上抛出了一个话题：李广明明射的是石头，为什么成语却是"李广射虎"？对这个问题，学生们进行了充分的讨论，然后两方观点有了激烈的碰撞，大家各抒己见，纷纷为支持自己的观点阐述了许多合理有力的依据。在碰撞中，学生们最后发现，用"李广射虎"更能表现出李广的力大无穷和神勇无比。
>
> 听课结束后，我随机挑选了一些孩子，在和孩子的对话中，我发现了老师"看不见"的语文。
>
> 学生问："《春夜喜雨》这首诗怎么没有一个'喜'字呀？"
>
> 多好的问题。孩子们开始从浅浅的语言中，去体会深远的情味和意趣了，难道我们老师不应该是语文的第一发现者吗？
>
> 学生问："下次小灰兔和小白兔都和骏马比赛跑步了，蘑菇又该奖给谁？是不是只要敢和高手比，结果就不重要了呢？这样也对吗？"
>
> 孩子们开始思考哲学问题了，老师们，你们能回答吗？

5. "1+1"

"1+1"是银城小学和南京金陵汇文学校联手共建的学习联盟，旨在以"学"为友，以"研"为伴，以"行"为乐，教学与管理并行，真诚合作、自由思考，实践创新、共同成长，诞生了许多有深度有意义的研究主题。

研究主题一：课堂教学的基本规律探索与管理

研究重点：知智相促规律（即传授知识技能与发展学生智能是相互制约、相互依存的辩证统一关系，无知必无能）

研究内容：作业设计中的知智相促分析；教学片断的知智相促分析

研究方法：反证法（寻找5个不能知智相长的案例，并写出分析报告）

成果表述：知智相促微报告

研究主题二：怎样鼓励教师的工作激情

研究重点：如何和老师沟通

研究内容：在工作布置中有哪些沟通的问题；沟通的有效方法有哪些

研究方法：反证法（寻找2个不能沟通的案例，并写出分析报告）

成果表述：沟通微报告；编撰文件《关于提高行政干部有效沟通的若干意见》

研究主题三：制度自信在教学管理中的创新

研究重点：如何编制适时的制度

研究内容：让制度落地

研究方法：反证法（寻找3个制度问题案例，并写出分析报告）

成果表述：制度自信微报告；编撰"教学管理十大基本制度"；编撰文件《制度自信促学校发展》

6. 节日

学生有学生的节日，教师一年中除了教师节外，也有自己的节日。在银城小学，每年的11月11日被叫作"11粉笔日"。随着现代教育技术的发展，粉笔的地位不断下降，甚至退化为课堂的点缀。为了使教师重温最初的教育梦想，在这一天，教师们都要重新拿起粉笔，用最简单、最朴实的方式还原教育的本色。一张张设计精美的粉笔名片在校园里传递，传递着教师们真诚的职业理想；一份份俊逸隽永的板书在时光里铭刻，铭刻着语文老师的飘逸，铭刻着数学老师的严谨，铭刻着英语老师的活泼……在这特殊的"11粉笔日"里，教师们不用其他任何设备，只用粉笔上课。孩子们在这不一样的课堂里享受不一样的教育，在简单中收获知识，在简单中丰润心灵。

阅读链接：银城小学"11粉笔日"活动方案

活动主旨：我的粉笔写你的未来

活动目的：

1. 还原教育的本色，用最简单、最朴实的方式教学，回归教育的原点，关注生活，注重实践。

2. 使老师重温最初的梦想，以粉笔为载体，唤起老师对职业的敬畏感。

活动时间：11月11日

活动安排：

1. 做好粉笔操。

和学生一起做粉笔操。

2. 站好粉笔岗。

（1）当天只用粉笔上课，不使用其他任何设备（如电脑、投影等）。

（2）秀出自己的板书：每位老师结合自己的学科特点，在黑板上秀出自己的板书。例如语文老师秀古诗词，数学老师秀算式和数字，英语老师秀英文格言，音乐老师秀歌词或曲谱，美术老师秀画画，体育老师秀运动动作示例，信息老师秀课堂关键词或画鼠标、键盘等,科学老师秀实验小窍门或实验流程图,等等。

3. 我与粉笔的故事。

让粉笔唤起回忆,撰写《我与粉笔的故事》。

4. 与学生合作一幅粉笔画。

5. 粉笔公益行。

组织青年教师给外来务工人员的子女做一件公益的事,如讲故事,教写字,做航模,唱歌,画画,等等。

第三节　领跑者：教师与教师专业发展

教师的专业发展需要平台的支撑，离不开共享的关系，一个有机的、生态的教师共享关系需要有"标杆"的引领。张燕校长说："为了银城近4000个学生的发展，树立那么一根或几根标杆是不够的。标杆之下，还需要有一块相对宽阔而坚实的高地，这块高地才代表学校发展的平均高度，有了这块高地，才能更好地在更大的范围上惠泽每一个学生。"于是，对话教学中"领跑者"项目，应运而生。

一、领跑者的特征

1. 领跑者具有向前的姿态

"领跑者"的意蕴极其深刻，它是对人的意义的理解。黎巴嫩诗人纪伯伦说："人是一支队伍，人总是要离开队伍的。有的人因为队伍走得快而跟不上，离开了队伍，有的人因为队伍走得慢离开了队伍。"显然，前者很可能是落伍者，后者则渐渐成为领跑者。什么是领跑者的姿态？就是向前的姿态。教育的已知要向前，教育的未知更要向前；向前就是探究，只有一大批人的向前才能构筑一片高地，继而在高地上耸起几座高峰。高地托起高峰，高峰拔升高地，高低与高峰的相互映照，才会有格局的大气、丰富和生动。银城小学不断地构筑教育的高地，众多领跑者也在不断地耸起高峰。高地、高峰的不断生长，使学校的发展到达了一个新的制高点。

2. 领跑者具有共情的思维

苏东坡有一首诗："钩帘归乳燕，穴牖出痴蝇。爱鼠常留饭，怜蛾不点灯。"在他的眼里，有乳燕回巢的欢喜，有痴蝇被困的焦急，有老鼠觅食的急迫，也有飞蛾无知扑火的痛苦，这是多么动人的心境。这样的共情型思维就是所谓"情商"，即善于管理自己的情绪，懂得换位思考和善于人际交往的能力。领跑者不是一个人独自往前跑，而是领着别人一起跑。他需要共享，共享是共情思维的表现，没有共情，就没有共享。如果对别人的帮助不知感念，对别人的痛苦吝于给予，把自己游离于众生之外，冷漠地看待这个世界，不知道日落月升也有呼吸，不知道虫蚁鸟兽也有欢喜与悲伤，不知道云里风里也有远方的消息，甚至不知道无声里也有千言万语……那么你的情商有多少？

银城小学对于教师的情商有如下的要求：

（1）把学生当作自己的孩子；

（2）清楚自己的优势和短板；

（3）充满激情和热情，能恰当地表达情感；

（4）有较强的专业方向，愿意接受改变；

（5）能坦然面对困难，并有自信；

（6）善于管理自己的情绪，不动怒；

（7）听取不同的意见，不批评、不抱怨；

（8）多赞美别人，会沟通与交流；

（9）每天都有好心情；

（10）有责任心，付出且不求回报。

由此，形成了银城教师精神的十个关键词：

> 认真　自信　谦虚　学习　坚持
> 睿智　激情　创造　包容　合作

3. 领跑者具有未来的能力

未来的世界所需要的人才，不只是那些能把一个学科学得非常深的人，更是那些不但能把自己学科学好，同时还能介入其他领域的跨学科复合型人才。教师承担着培养未来人才的历史重任，因此，教师要先于学生、优于学生，共享能力由此显得十分重要。和儿童共享，做长大的儿童；和同事共享，三人行必有我师；和课程共享，提升专业素养；和课堂共享，教学相长；和未来共享，培养儿童成为生活的、世界的、未来的对话者。

在如此之多的共享中，我们特别强调尊重。尊重儿童，尊重课程，尊重课堂……没有尊重，就没有共享，没有尊重的对话就不是有品质的对话。

作为一个项目，领跑者诞生在教育的理解中，诞生在对话教育的理解中。银城小学的老师在项目中一天天长大，领跑者也一批批诞生。名师导师、学科带头人、优秀青年教师，他们一如既往地耕耘着、奋斗着、领跑着。

二、再现领跑者专业教学现场

（一）语文与生活（丁晶晶老师）

◆ 情景再现

师：网络的普及与浸染，催生了一种新的语言现象——网络新词，这类新词正在悄悄影响着我们的生活，青少年学生正是"网络大军"的重要力量，常把网络新词挂在嘴边，甚至用于写作中，这一现象引起了社会各界的广泛讨论，

你身边有这样的现象吗？对于这一现象你有什么看法？（组织学生进行辩论）

正方1：网络新词应该走进习作，前面老师给我们出示了许多新闻标题，里面都用到了新词，甚至连《人民日报》也以"给力江苏"为题呢。

正方2：我也同意新词进作文，新词很有趣，同学们爱看，能提高人们对这篇作文的阅读兴趣。

正方3：新词大量出现，这样的新生事物必然是代表时代在进步的。

反方1：不少网络新词非常不文明，用在习作中，尤其是小学生的习作中不太合适。

反方2：有不少网络新词是以图片或表情的方式呈现的，读者可能会不理解，我就有这样的经历。

反方3：为了标新立异把一连串的网络新词用在文章中，反而让文章不通顺了。

……

◆ **教师总结**

对于新词，我们不仅要认识理解，更重要的是要学会规范使用。这一点是我们语文老师必须传达给学生的。我们的学生也或多或少地接触到这类现象，应该让他们结合自身的体验自由地去辩一辩对这一现象的看法，进行思维的碰撞，从而引导他们认识到网络语言的出现自然有其吸引人的地方——网络语言也是表情达意的一种方法，而且它更适应网络时代快捷交流的需要。但同时，我们也要看到有些网络语言并不规范，错字、别字严重，甚至出现了不少不文明的语言，盲目地将其使用在习作中，会显得不伦不类，显然是不妥当的。我们要正确对待这些新词，运用规范的新词为我们的交流与习作增彩。

（二）我设计的乌篷船（徐萍老师）

◆ 情景再现

1. 设谜导入

师：今天，老师带来了一个盒子（出示装了纸船的盒子），里面装了什么呢？看！（打开盒子）原来是一只纸船。纸船下面还藏着一张纸片（出示纸片），老师将这张纸片卷曲成一个篷插入船身两侧。这种造型的船叫什么名字，你们知道吗？（请几位同学说说他们的猜想）

学生回答后，老师揭示它叫"乌篷船"。

图 5-2　乌篷船模型

2. 比较设计

师：比起现代各种功能、各种造型的船，乌篷船有哪些优点呢？（生讨论：环保，节能，造价低廉，集运货、载人、休闲于一体……）

师：它又存在哪些缺点呢？（生讨论：速度慢，不牢固，载人数量少……）

师：如果让你来设计一艘乌篷船，你想让它在造型和功能上有什么突破呢？（生讨论：造型更美观大方，船内环境更舒适优雅，用途更广，实现了自动化，提高了行船速度但要使用环保燃料……）

启发学生设计方法、步骤：（1）根据人的需要想象船的功能；（2）根据环境的需要定位船的造型；（3）绘制船的设计图；（4）适当地添加人物和背景；（5）涂色。

3. 学生尝试设计

图 5-3　学生们自主设计的乌篷船

◆ **教师总结**

以设谜导入，能够放松学生的情绪，提高学生的兴趣。通过简单的交流、演示，学生初步了解乌篷船的造型特征。然后通过看一看、想一想、说一说、学一学等活动形式，进一步有目的地感受乌篷船在造型和功能上的优缺点，为设计新型乌篷船提供灵感。老师直观的演示环节体现了美术课中教师的示范性，学生从中了解设计的方法、步骤，知道设计的重点，也是解决教学重点的必要环节。

（三）20 以内的加减法（周姝教师）

◆ **研究对象**

这个孩子是班级中一个很特殊的孩子，他的数感和同龄孩子相比有很大差距，他对于抽象的数完全没有概念，他学习计算完全依赖"数手指"这一肢体动作。可是，让我没想到的是，在我仔细观察了这个孩子数手指的行为后，竟然意外地发现，在这简单的数手指的动作中，孩子正在以自己独特的方式发展、成长着。

◆ **情景再现**

1. 理解了"+"和"-"的含义，但分与合似乎始终无法帮助他进行计算。

上学后，经过一段时间的努力，他终于学会用手指帮助计算加法和减法了。可是，看着他费劲地撅着小嘴从左手数到右手，然后认真地写下得数，我却一点也高兴不起来：这10以内的加减计算是借着数手指的方法可以惊险过关了，20以内的加减法怎么办？

2. 手指只有10个，当我们的计算超过10时，数手指还能帮助他吗？

带着这样的忧虑，20以内的加法还是在一年级上学期临近结束时到来了，我一边给全班学生们讲解"凑十法"，一边不断地观察这个孩子，很显然，他完全弄不明白什么叫"凑十法"，更谈不上运用。就在我准备放弃的时候，我忽然发现，他虽然仍算得很慢，但答案的正确率越来越高了。

3. 20以内的计算，还是数手指，他竟能独立算对！超过手指数量的部分，他是怎么处理的？

于是，我在单独给他辅导时，给了他一些题，让他独立算一算。他努力着一题一题地写着答案，居然全对了！我喜出望外，让他说一说自己是怎么算的，他疑惑地瞪着我，完全不明白我的意思。

4. 算理与"数手指"的有效结合。

我观察到这样一个细节：每当他算一道题时，他总是一边嘴里不停地嘟嘟囔囔，一边不停摆弄左手，然后，就算出了得数。这"嘟嘟囔囔"和"摆弄左手"之间有什么联系呢？我发现他是这样算"9+3"的：他左手摆出三根手指，嘴里还数着"9""10""11""12""13"，数到"10"的时候，他收起一根手指；数到"11"又收起一根；数到"12"时，三根手指全部收完了，他便赶紧在等号后面写上"12"。

这样一个只能依靠数手指来计算的孩子，却想出了这么巧妙的方法来突破自己遇到的困难，顺利解决了手指不够用的问题。这不是老师教的方法，不是任何一个小朋友的介绍，这是他自己的思考！

加法解决了，那减法呢？

我们开始学 20 以内的减法，他结合"破十法"又想到了解决办法。例如"15-8"，他在"8"的上面写了一个小小的"2"，在"15"的个位"5"的下面点了一下，然后左手伸出两根手指，嘴里念着"5""6""7"，右手赶紧在等号后面记下"7"。

◆ **教师总结**

从这个孩子数手指的动作来看，虽然他都在借助肢体语言的帮助进行抽象的计算，但这其中智慧的成长、进步与发展是惊人的。三次"数手指"的动作，第一次完全依赖借助数实物的方法完成抽象的数的计算，而第二次的"数"已经蕴含了"接续计算"的思想，用手指辅助自己从一个数接着往下数出规定的数，第三次的"数"则已经将计算方法融入其中，既完成了计算的任务，又减轻了自己计算的负担。

教学中我们发现，其实不仅是这些特殊的学生需要借助肢体语言的帮助，对于低年级小学生来说，其思维亦是以具体形象思维为主要形式逐渐过渡到以抽象逻辑思维为主要形式。但这种抽象逻辑思维在很大程度上，仍直接与感性经验相联系，仍具有很大程度的具体形象性，因而这个阶段的思维特征就要求教师在教学中将教授内容具体化、形象化、生动化。

三、聆听领跑者对话年轻教师

（一）星期六的早晨

近年来，随着银城小学办学规模的不断扩大，一批批年轻教师也加入了"银城大家庭"的队伍，他们是银城的希望，也是银城的未来。要让青年教师迅速地站稳课堂，需要领跑者的专业领航。于是，他们相约在每个星期六的早晨，相互激励、相互学习，共同点燃教育的智慧。

一学期多个学习主题，从"课堂是什么？"到"我该如何教学？""教学流程体验""课堂实战演练"等主题式学习,再到"如何做好班主任工作"这类复合型主题式学习,从研读一个单元到细品一个学时,从教学设计到课件制作,从教案修改到微课体验,从常规教学到课堂智慧,不一而足。交流形式有独立研究、分组说课;有面对面指导、点评;有情景模拟、即兴演讲、团队合作……在这个过程中,领跑者与"孩子王"获得了知识的增值,也分享着彼此的幸福。

当然,星期六的早晨,最常出现的是这样一场头脑风暴:

"怎样提问才有效?"这是新教师"课堂教学18问"中的第3问,也是诸多青年教师最困惑的难点。刘勤老师用一组有趣的案例告诉教师们要"到学生的疑问中、生活中寻找'好问题'"。陶晨老师带来了一组问题让新教师比较辨析,启示他们发现"具有挑战性、开放性的问题多为'好问题'。"胡歧强老师则带新教师走进模拟课堂,请教师们体验做学生的感觉,原来"'好问题'一定是能帮学生'搭桥'、构建知识体系的问题"。

大家都热爱这样的早晨,窗外,灿烂无限;窗内,暖意融融。书法、朗诵、阅读、研课……思想碰撞思想,智慧对话智慧。

(二)对徒弟说的话

在新学期的师徒结对大会上,领跑者总结了5个词与他们的徒弟分享。这几个词既是对新教师们说的,也是领跑者坚持在教育路上的心声:

◆ 阅读

阅读,能让心灵如山涧流水般沉静;阅读,能让生活似七彩长虹般绚丽;阅读,能让人生像空中划过的流星般精彩……

"问渠那得清如许,为有源头活水来。"在如今知识爆炸、信息更新加剧的现实中,也许我们有繁忙的工作,有琐碎的事务;也许我们身体疲惫,心力交瘁;也许我们沉迷于娱乐,忙于社交。但是,教师要做读书人,以书本为伴,以读书为乐。

◆ 思考

"我思故我在。"没有了思考，我还能剩下什么？如果日复一日，只知教学却不知反思，我们的教学将进入一种麻木的"教书匠"状态。如果我们不能时常静下心思考，那么我们便很可能随波逐流，很可能做了许多徒劳无益甚至有害学生身心发展的工作而自己却不知道。"一天的思考，胜过一周的徒劳"，只有思考能帮助我们从无效走向有效，只有思考能帮助我们从有效走向高效。

◆ 研究

任何一名优秀的教师都具有一个共同的品质，那就是如钻探机般认准了一个目标一钻到底。我想，这不正是我们在专业成长的道路上所要具备的品质吗？在教学中，我们要能根据学生、课堂的实际情况及教师的兴趣，找到一个具体的、有意义的钻研目标，然后在课堂教学的细节优化上钻下去，不急于求成形成系统的教育理念，但求有所思，有所得。总之，要坚持自己的钻研方向，坚持钻下去才是最重要的。

◆ 快乐

在教学实践中，也许会因为各种压力感到烦恼，但仍要始终努力做一名快乐的教师。因为只有保持快乐的心境，才能始终葆有对教育的激情，才能将心中的温暖与欢乐播撒在孩子的心里。成长必须经历痛楚，"痛并快乐着"也是一种成长。

◆ 风格

风格是我们每一位教师最终要走向的一种境界。从一名普通的教师成长为一位有自己独特、优秀的教学风格的教师是一个艰苦的过程。要达到这样的境界，首先，需要具备独特的教育理解，这需要大量的实践，对自己的经验进一步思考，建构自己对教育活动和教学的理解。其次，需要强烈的专业精神，在丰富的实践中，不断实现专业上的提升和超越，进入一个充满生命力的教育世界。

最后，我想说，我愿做你们追寻风格之路上的同路人，我愿与你们一同追梦，一同进步！

（三）从"辩课"到"辨课"

对话课堂的一个个站点研究，离不开领跑者的课堂实验，实验带来了新的思考、新的课题："有读者的作文""可以说'不'的课堂""五色思考思维课堂"……每一个新的思考都伴随着一场场"真教研"。

"真教研"需要"真辩"。胡歧强老师的"分数的基本性质"一课便引起了一场"百家争鸣"：

> "'分数的基本性质'这一内容，应该属于一节'生长课'，因为学生学习了分数的意义之后，要去研究分数规律，然后又要根据分数的基本性质学习通分、约分等知识，所以属于生长课。既然是一节生长课，那么我们在教学时就要以学生已有的学习经验和知识基础为起点，开始出发研究。"
>
> "我倒认为这更是一节'知识课'，学生在学习了分数的基本性质之后会有一系列的运用，用来学习通分、约分等等。因此我们在引导学生探究时就要基于学生的理解，让学生在理解的基础上记忆规律，并能灵活运用。"
>
> "老师在引导学生探究的过程中，运用了不完全归纳，是否需要通过更多的例子证明，确定举不出反例为止？哪种方法更有效？"
>
> ……

"辩课"让教学研究越辩越有味儿，在争论的基础上对课堂教学进行辨析、鉴别。去异求同，进而得出比较理想的结论，先"辩"后"辨"，由"辩课"走向"辨课"，教学自然而然也就走向了百花深处。

阅读链接：领跑者——"校园十景"

银铃叮当，领跑者走在队伍的前面，但又不断地回到队伍中来鼓舞大家，和大家一起前行；过段时间，又要走到队伍前面去，引导大家继续前行。就这样，一次次地回归，又一次次地超越。银城小学张燕校长欣然以"校园十景"描述了他们的教学风格。

周姝

在你的课堂上，
仿佛看到了三春的细雨，
滴滴如酥；
分明听到了一声声清脆，
那是嫩竹拔节的声音？
不，是思维绽开的声响！
看，那一片摇招的小手，
不就是最美的课堂生长姿态吗？

周珏

读书声起的时候，
就像一起去散步，
手挽着手，肩并着肩，
踏上暗香微来的小径。
赏析文章时，
又像一起去散步，
披文入境，曲径通幽，
一起走近，
书里书外师生最美的内心。

丁晶晶

你用纯净的语言，

把纯真的语文，

浸润到学生最纯洁的心底。

于是，

纯真恰似一股清洌的泉水，

缓急之间，激起思维的涟漪；

于是，

纯真恰似一抹新绿，

轻柔地，

晕开整个春天。

吴悦

正如你的名字那样，

你的课堂是愉悦的，

孩子们欢呼雀跃，忘我投入。

与你的追求同行，

你的课堂是有光泽的，

投射出生命的光亮和思想的光辉。

胡歧强

你总能在学生学习的途中，
恰到好处地布下一个个支点，
托住学生，让他们自己攀爬。
你的幽默，
让学习历程充满情趣。
偶尔，你会"忽悠"孩子们，
峰回路转时，
让学生发现不一样的精彩。

刘勤

都说你的课堂是"三原色"的，
这三原色指的是什么？
在我看来，
那是三种情感的颜色，
爱的粉色，
你的心贴着学生，
温暖着孩子学习的历程；
激情的红色，
你的课堂充满热忱，
引得智慧如注；
静候的蓝色，
你俯下身子，
静待花儿绽放的瞬间。

薛元虎

在孩子们心中，

你是超级信息"达人"。

有趣的电脑绘画，

激烈的虚拟足球竞赛，

顽皮的机器人赛车……

方寸之间，

思维在博弈，智慧在生长。

你借助流光溢彩的屏幕，

为学生们搭起通往科技未来的数字之桥。

程金晶

简简单单，轻轻松松，

你带领学生漫步智慧田园；

平和中显睿智，朴实里见奇崛，

快乐地玩转思维。

身在你的课堂，

宛若坐在草坪之上，

身旁尽是蓬勃生长的绿意，

抬头便见蔚蓝的天空。

徐萍

孩子们用灵巧的小手,

创造时尚的生活;

孩子们用烂漫的色彩,

憧憬童年的天空。

在你的课堂上,

有一种简约而平实的美在流动,

因为平和,所以真实;

因为真实,所以感动。

陶晨

叮叮当,叮叮当,铃儿响叮当,

我们倾听多快乐,

我们表达多愉悦。

我在讲谁在听,

风从耳边拂过,

我知道他在听。

叮叮当,叮叮当,铃儿响叮当,

你在听,他在听,大家都在听。

第四节　孩子王：青年教师的成长经验

每天黄昏来临夜幕初垂的时候	昏昏欲睡的灯光下
你们的背影消失在夜色中	有你们共同模拟的课堂
经过归巢之鸟的呢喃细语	有你们堆积如山作文本
带着一天的疲倦与收获	有你们潜心钻研的教学手记
回到你们的那一间小屋	我看到你了
油盐酱醋，锅碗瓢盆	你在电话的那一端哭泣
敲打着忙碌日子里最动听的交响曲	自从拿起教鞭的那一天
忙碌，是油瓶倒了不扶的匆匆	你就离开了父母温暖的羽翼
温暖，是晚归时留下的一碗热饭	独自在青春的荆棘中跋涉
快乐，是分享孩子们的故事时的畅快	每逢佳节倍思亲，团圆的日子里
动力，是彼此扶持的那双手臂	只能听见爸爸妈妈在电话里的絮絮叮咛
从此	离家那么远，离家那么久
寂静的夜里	思念化成了眼泪
你们有了相同的身影	打湿了乡愁

这是"银城孩子王"的真实生活！他们是一群刚刚从学校走出来的大孩子。

"孩子王"源于《银城小学青年教师成长纲要》,其目标是培育能够理解与悦纳儿童,具有良好的沟通能力、扎实的教学基本功、在教育理想的追求中智慧地实现自身的超越的年轻教师。"孩子王成长营"是他们的另一个家。

"孩子王成长营"抛弃传统观念,以一种全新的思维方式,用年轻人喜欢的方式培养青年教师。我们以"三不"保护青年教师的异想天开:不否定不切实际的想法;不否定个性的价值观、生活方式;不否定我行我素、张扬个性。我们以"三有"积极寻找青年教师幸福的"支点":有发展平台、有领导关心、有成长进步。我们开展了"卷入式入职培训""和梦想面对面""微课晋级赛""相约图书馆"等一场场精彩的专业发展活动,为他们搭建成长的平台,促进他们快速成长。有人说:银城小学的"孩子王"上台能歌善舞,下台能修善补;上课能说会道,下课能玩会跳;拿得起粉笔,使得了电脑,整得出英文,跳得了长绳,拿得动拖把,画得了海报。其实,最重要的是他们不断成长、愈加成熟了!

表5-3 "孩子王"的成长足迹

活动主题	活动目的	活动形式
教师尊严在哪里	了解教师的日常工作,熟悉教师职业的各项常规,激发爱教育、投身教育的热情,产生发自心底的教师尊严感。	分小组讨论、答辩、演讲。
华西,我们来了	学习先进、前沿的教育思想和理念,增强团队凝聚力。	前往江苏省江阴市华西村,听课学习,专家讲座,沙龙研讨。
微课晋级赛	在一轮一轮的晋级比赛中,提高业务能力,站稳课堂。	分学科微课比赛,逐轮晋级,产生前五名。
我要到哪里去	规划自己的专业发展,增强内驱力,激发斗志。	前置准备,现场交流,导师一对一碰撞。
我在书中旅行	分享读书心得,滋润心灵成长。	分小组讨论、答辩、演讲。

续表

活动主题	活动目的	活动形式
我的星期六	学习先进、前沿的教育思想和理念，增强团队凝聚力。	赴杭州市时代小学，听课学习，专家讲座，课堂教学展示。
江苏教育频道名师在线	服务社会，推广银城小学对话教育思想。	与江苏教育频道合作，名师讲课。
江苏教育频道名师在线	晒一晒我的成绩单，总结一年的学习活动，展望未来。	小组交流。

一、"孩子王"用日记的形式记录了自己的培训生活

◆ 2014 年 8 月 19 日　周二

今天拿到培训日程表，哇，每一天都有很多活动呢！

上午，五位教学校长畅谈了自己对课堂的理解。主持人抽签选取在场学员交谈理解与感悟，教学校长当即点评。随后，特级教师胡存宏老师做了一个微报告，深化了我对"课堂"的理解。

下午，我们观看了于永正老师的教学短片，讨论教师的教学魅力并总结出了关于"课堂教学"和"教师形象"的建议。

这真是忙碌而充实的一天！

◆ 2014 年 8 月 20 日　周三

今天就要自己设计教案了，这可真是一个挑战。

上午，指导老师带着我们进行细化研究，极具气场的丁晶晶主任带来了教学设计的范例分享，接着就是学员自己设计教案。身边的老师，有的已成竹在胸，我也低下头，紧盯着课本陷入了沉思……

下午学员分组说课。我们小组共有7人，4人已经有工作经验，这让我的说

课更显稚嫩。果然,那个特别有气质的刘勤导师说我的设计不够细化,没能贴合小学生的特点。"细化""贴合",这些词汇在我的脑海中盘旋,我有些茫然。

◆ 2014年8月21日　周四

这又是压力满满的一天。

上午,学员研究具体的教学流程,独立写设计并与指导老师面对面交流分析。

下午,小组内组织模拟课堂,学员进行微课体验,将教学设计落实到课。

我的课题是生字教学。没想到下午微课实践,指导老师夸奖说进步极大。

◆ 2014年8月22日　周五

天气依然晴朗温和,只有夏日的清晨,阳光可以如此灿烂而不张扬。

今天依然要进行教案设计,小组内依然有成员之间的竞争比赛。有了前三天的底子,我也有了几分底气,不那么紧张了。当顺利地完成教案的讲述,我才蓦然发觉,在紧张与忙碌之中,成长原来早已在心灵中进行。

◆ 2014年8月23日　周六

今天是周六,而且是暑假中的周六。想不到一向以老庄哲学为人生指南的我,骨子里竟也是一个工作狂呢!

今天的培训以"家的文化"为主题。静静聆听着韩芳、周珏和王征三位导师的讲座和学员们的即兴演讲,我听到了责任,听到了关爱,更听到了一份诗意和温暖。在现场阵阵会心的笑声中,我想,必然有一些东西沉淀在了我们每一个人的心里。时光的长河流转不息,在平凡的人生里拥有属于自己的意义和坚持,这不就是为自己的心灵找到了家园吗?

二、"孩子王"用诗歌留下了成长的印记

我在这里（节选）

刘艳霞　宋艳娇

我的孩子，我在这里，

在三尺讲台上，在琅琅的晨读声里，

在绿色的跑道上，在教室的角落里。

有你们的日子，

太阳仿佛也失去了年龄。

我在这里，

幸福、幸运地在这里，

在这里，我将启航去远方，

陪伴我的孩子，

带着我的梦想。

祝福我吧，相信我吧，

我会从这里，

走向更美好的远方。

蜗居（节选）

王　倩　冯成单

那一间小屋，

满溢着异乡缘分的珍惜，

满溢着远方父母的牵挂。

电话的另一端，

响起的是妈妈的担心、爸爸的鼓励，

可是我想说，

不要担心，我在这里，

这里有我的姐妹，

她们在我的餐桌和炉边，

求慰藉时尽可以去寻她们。

我们是彼此的彼此，

是幸福的相依。

三、"孩子王"用案例记录自己的教育生活

为成长升温

白　雪

他叫然然，是一个在课上特别好动，爱和同学"开小会"的孩子。无论上什么课，他都是最活跃的，常常手舞足蹈地说一些笑话、故事，班里的纪律被他搅得一团乱。

下午写字课上，然然先是写了两个字，接着就拿着铅笔在书上画画，并拿给旁边同学看。我走到他身边，微笑着对他说："然然，现在是写字时间。你看别的同学都在写字呢，你也赶快写字吧。"这是我第一次在班里点学生的名字，全班立刻安静下来，然然用惊奇的目光看着我，竟然一点都没有被批评的挫败感，反而很开心地冲我笑了笑，乖乖地开始练字。我又看了看班里的其他学生，他们一个个都开始认真地练字，只不过有时会满含期待地看我一眼。但是在之后的写字课上，然然的表现都很好。课间常看见他在我的办公室门口打转，看见我会主动打招呼，上课也会尽可能地遵守纪律。有一次，我在班里集中批改订

正的作业。三套作业本,然然排了三次队,每次只交一本。我问他,怎么不把作业放在一起交呢?然然不好意思地笑了,小声说:"老师,你每次叫我名字的时候都会笑,我想你对我多笑笑。"看着然然天真的笑脸,我的心中感慨良多。

那一瞬间,我仿佛看到了儿时的自己,也曾用这么期盼的目光看过我自己的老师。作为学生,被点名未必就是一件很光荣的事情。但是,当我微笑着点了然然的名字,在他的眼里,却代表着我关注了他、记住了他,之后的种种表现,都是为了得到这份关注。这在一个孩子的心里是一个巨大的荣耀,是任何奖励都不可以替代的。

我和椅子的对话

吴俱扬

刚上课不久,我正边授课边板书。忽然,教室里又响起那令人讨厌的椅子拖地的声音,声音实在是太大了,孩子们的目光一下就被这刺耳的声音吸引了过去。火一下子就从我的心里蹿了出来,又是他,看来我非得好好教训他一顿不可。

我快步走到那位同学身边,一把将他拉了过来,并拎起了他的椅子。学生们都面面相觑,不知道我下面将要采取什么行动。

在我拎起椅子的同时,一个想法浮现在我的脑海。如果凶一顿孩子,过两天孩子肯定又忘记了。而且,在平时的教育教学中,我们就告诉自己,要学会与孩子对话,要尊重孩子,让孩子更加有自信。那么,作为男老师,我能不能采取更加幽默的方式去开导孩子呢?

我灵机一动,摸了摸了手中的椅子,自言自语地开始说道:"椅子,椅子,刚才是你在说话吗?你都说了些什么?""哦,你刚才在喊疼啊!"面对我的自导自演,学生们一下子都乐了,哈哈大笑起来。

我当然也想笑，但我得忍住，要不我的戏就没法演了。

于是我依旧不露声色地对椅子说："椅子，椅子，你别怕，你告诉我，你现在还想说什么？""哦，你说你不想给你的主人坐了啊，因为他不珍惜你，弄疼了你，还让你影响了课堂纪律。"

戏演到这儿，我瞄了一眼那孩子，他的脸"唰"地红了。

太好了，看来我的教育收效了，那我的戏也该收场了，我继续对椅子说："椅子，椅子，你想给你的主人一个改过的机会吗？""好，那我们就给他一个机会！"于是，我又将椅子放回了学生旁边。以后，那讨厌的声音再也没有从那位同学那里响起过，不仅如此，课堂中其他的怪声也明显少了很多。

不妨从心开始

马方英

"大家再坚持一下，马上就到我们上场了，争取一次通过！"上场之前我再次为他们鼓劲。就这样，大家充满期待地走上了舞台，此时离放学只有一节课的时间了！我心里着急，想抓紧用剩下的一点时间让他们再练一遍，然而就在此时，后面的男生又是一阵骚动，我转眼一看，又是他——班里最调皮的一个小男生——小丁。我努力让自己冷静下来，走到他的身边，俯身扶着他的肩膀对他说："小丁，我们班没通过的主要原因在于动作还不够协调，你是班级的一员，要尽力为班级做贡献，懂吗？"他眨了眨眼，表示他明白了此时认真排练的重要性。

几位音乐老师经过商讨，对动作做出改进后，大家又赶紧练了起来。突然队伍中有人喊道："快看，你妈妈来接你了！"同学们刚刚整齐的动作瞬间乱了下来，大家纷纷朝校门口望去，而那个始作俑者，还是他！

此时离放学只有十分钟了，过关的班级已经相继离开，操场上只剩下两个中队。虽然心里很急躁，但我依然努力克制着，表面上平静如水。我径直走向他，其他同学也感受到了这可能是一场"暴风骤雨"的到来，眼神齐刷刷跟随我的脚步来到小丁的身边。而此时的我，什么都没有说，只默默把这个让我心急如焚的孩子紧紧地拥在怀中，一秒、两秒……半分钟过去了，我仍旧什么也没说，只是那样用力地拥他入怀。过了一会儿我放开他，似乎能读出他眼神中神情的迅速变化：吃惊，幸福，感动，惭愧……

接着我重新回到了队伍前面，队伍开始变得那么有序，虽已练习得有些疲累，但此时同学们的动作却变得精神有力起来，最后我们班终于顺利通过了彩排的审核。我想，其实很多时候老师与学生之间不需要千言万语，心与心的沟通也许更能融化万物。

公平的诉求

周　洁

原以为事情就这样结束了，但没想到下午该班的班主任向我反映中午有两个孩子"绝食"抗议此事，说我有失公平。没想到事情会发展到如此地步，我赶紧向班主任询问具体情况。一番谈论之后，我觉得有必要妥善处理此事，也借机和同学们来一场别样的"对话"。

于是，下一节课开始，我先说："听说有同学说我上次加分不公，甚至绝食抗议，是这样吗？"话音一落，全班同学开始你看看我，我看看你，有两个学生先是对视一眼，会心一笑，然后又不好意思地微微低头。看来绝食的就是他俩了。我清了清嗓子："首先，我要表扬咱们班的同学，大家能有这么强的公平意识，很好！"这下全班都乐开了花，每个同学都为自己的公平意识而骄傲。"但是，采取绝食这样的方式好不好啊？""不好！"听到同学这样的回答，我感到很满意，"对，既然大家知道不好，那我们以后换个方式好不好？

如果你觉得老师课上加分不公，或是有其他做得不好的地方，请你及时和老师说，好不好？不要采取绝食或其他伤害自己的方式，行吗？""没问题！""上节课并不是老师不想采用更公平的方式，而是因为打下课铃了，老师不想耽误大家的课间休息时间，又看你们课文掌握得不错才下课的，你们能理解老师吗？""能！""老师，我们可以下节课再表演加分。""老师，我们不介意下课演完的。"同学们开始七嘴八舌给我出主意了，真是一群可爱的孩子！

"请安静！这样，以后我们上课抓紧时间，争取40分钟内让所有小组都演完，如果多出一点点时间，我们也不再增加表演；如果时间少了，就延迟一两分钟让大家都演完，你们看这样行吗？""行！"孩子们都露出了满意的笑脸。我又乘势接着说："你们的要求老师满足了，那老师提出的要求你们是不是也该满足一下？我希望同学们上课时集中注意力，保持好课堂纪律，不随意讲话耽误大家的时间，听到口令要及时安静下来，这样我们也有更多的时间回答问题和表演，对不对？""对！""那我们能不能做到？""能！"听到孩子们响亮的回答，我的心里涌起了巨大的满足感动和成就感。

己所不欲，勿施于人
蔡雅婕

午自习时间，孩子们都在紧张地为国庆朗诵比赛做最后的准备。

孩子们按组别上台，有的声音洪亮、朗诵铿锵有力，有的加上了动作和队形变换，获得了雷鸣般的掌声……到了关键的评奖时刻，表现突出的三组获得了一致认可，但最终二十张奖状还多出两张，应该发给谁呢？在孩子们的推选、投票后，奖状最终颁给了票数最高的两个人。

课间，领到奖状的孩子们围着我，别提多开心了，正在这时，几个孩子突然冲了过来喊道："老师，小希被打哭了！"刚好上课铃声响了，全班回到了教室，我请打人的孩子起立，询问缘由。"凭什么她得奖？我也很好啊！"在他委屈的申诉声中，其他没有得奖的孩子也渐渐不满，有的大声附和，有的小声抽泣。

刚做班主任一个月的我慌了神，奖状只有二十张，大家都付出了努力，这可如何是好……

我竭力让孩子们安静，问他们："对刚才的评选，你们觉得公平吗？有什么想说的吗？"我把目光投向那些面容平静的孩子们身上，渴望他们说点什么，能说服那些因失望而情绪失控的孩子。

半响，一个孩子小声地说："失败是成功之母。"另一个孩子紧跟着说："科学家都是经过几万次的失败才成功的！"其他孩子像是受到启发，纷纷说："一次的失败能知道自己的不足，把不足改进，就能获得成功了。""以后还有很多机会，只要坚持不懈，总能成功的。"一个刚才还很激动的孩子，若有所思地举起手，我连忙请他起立，他说："己所不欲，勿施于人。"我追问："这句话是什么意思？"他回答道："如果你想得到别人的尊重，首先要尊重别人，如果是你得奖了，你肯定不想让别人攻击你。"全班顿时鸦雀无声，一个孩子带头鼓起了掌，随之是经久不息的掌声。我不禁暗暗赞叹，这些才七八岁的孩子，居然懂这么多的道理，他们真的让我刮目相看，感动不已。

有比赛就会有输赢，孩子成长的道路不可能总是一帆风顺，挫折教育也是人生的必修课，努力的过程比最后的结果更重要，因为孩子们收获了友谊、成长和欢乐。

新"三言二拍"

郭 冬

小宇是年级里"赫赫有名"的捣蛋鬼，万万没想到新学期我竟接手了他所在的班。果然，开学第一课便"风起云涌"，就在我转身板书时，突然传来有人跑步摔倒的声音，随即一片哄堂大笑。我转过头，看到小宇一副仰面朝天的姿势，畅怀大笑显得洋洋自得。我强忍怒火，决定下课再好好"收拾"他。

总算挨到下课铃响。他一进办公室便毕恭毕敬地站着，"低头认罪式"地嘟囔着："老师，我错了，你骂我吧！"我郑重其事地对他说："小宇，郭老师现在需要你的帮助。"他显然没想到我会对他说这句话，目瞪口呆。我又重复了一遍："我是新班主任，对班里情况不太熟，只有你是我目前最熟悉和最信任的人，希望你能帮我。"见我一本正经，不像是在开玩笑，他迟疑起来："可是我……"我打断了他，坚定地说："我相信你能行，我就看中你了！"我编织的这个善意谎言让他欣喜若狂，便趁机与他"约法三章"："助手可得先管好自己，能不能做到？如果你做不到，那现在就换人。""别换，别换！"他连连摇手，"我以后上课绝不捣乱，一定好好听讲。""好，试用期一周哦。"再后来，一周，两周，三周……直到现在，小宇都是我的助手。午休时不去随便招惹同学了，做操时不再"左右逢源"了，原来那个"淘气包"离我们越来越远。偶尔上课插嘴或做眼操睁眼时，我一旦发现也绝不姑息，仍然会严厉地批评教育他。而他有时也会私下找我聊天，此时我也鼓励他要继续努力，我们彼此抛开了师生身份，交流着肺腑之言。渐渐地，小宇适应了我的"三言"——善意的谎言、厉言与肺腑之言，也慢慢懂得了我的"二拍"——走神时轻拍他的肩膀，进步时为他拍手叫好，"三言"与"二拍"成了我俩心照不宣的"对话"方式。原来我觉得小宇像一只难以靠近的小刺猬，但后来我才渐渐明白：即使你是一只小刺猬，我也可以借助对话给你一个温暖的毫无保留的拥抱。

母爱童心、探究合作、领跑者、孩子王，"复调的对话"就这样交汇着，共享着。记得在江苏省教育家论坛"对话，走进儿童的世界"的总结大会上，一位老教育工作者曾即兴赋诗：

相约银城，相约对话，感动连连！

一组组备课，你的认真，他的帮扶；

一篇篇文稿，你的执着，他的不倦；

一个个短片，你的创意，他的用心；

一次次代课，你的坚守，他的无怨；

一件件琐事，你的细心，他的周到。

你和他，他和你，

对话，就这样被创造着，

这是老师的大爱；

对话，就这样被演绎着，

这是孩子的力量；

对话，就这样被孕育着，

衷心祝福银城小学的明天更美好！

阅读链接：银城小学的"孩子王"

王倩

昵称： 倩倩

星座： 水瓶座

学科： 语文

"出道"日期： 2014 年 8 月

成长脚印： 2014 年银城汇文"孩子王成长营"微课晋级赛特等奖得主

心语： 没有什么能使我停留，除了目的。纵然岸旁有玫瑰、绿荫、宁静的港湾，我是不系之舟。

黄荣

昵称：荣荣

星座：天蝎座

学科：英语

"出道"日期：2014年8月

成长脚印：2014年银城汇文"孩子王成长营"微课晋级赛特等奖得主

心语：逆风的方向，更适合奋力飞翔。

陈青清

昵称：青青、小青

星座：白羊座

学科：数学

"出道"日期：2012年8月

成长脚印：2014年银城汇文"孩子王成长营"微课晋级赛特等奖得主

心语：静待花开，静悄悄地革命。

冯凯馨

昵称： 开心

星座： 狮子座

学科： 语文

"出道"日期： 2015 年 8 月

成长脚印： 2014 年银城汇文"孩子王成长营"微课晋级赛特等奖得主

心语： 行若流云，缓急不惊；静如深潭，风扬不兴。

梁珊琪

昵称： 珊珊

星座： 天秤座

学科： 数学

"出道"日期： 2015 年 8 月

成长脚印： 2015 年银城汇文"孩子王成长营"微课晋级赛特等奖得主

心语： 心有猛虎，细嗅蔷薇。

吕玥萌

昵称：萌萌

星座：双鱼座

学科：英语

"出道"日期：2015年8月

成长脚印：南京市拉萨路小学教育集团青年教师演讲比赛特等奖得主，"孩子王成长营"班长

心语：心有多大，舞台就有多大。

附录

银城小学儿童对话剪影

儿童是一种梦想的存在,"满满的自由元素,满满的快乐音符,满满的可能浪花",串起了令人向往的儿童成长之梦。

和儿童一起做梦。想知道星月上的境界,想知道地面下的情形,想知道昆虫的语言,想拥有自由飞翔的翅膀……这一切都是生命的超越!

◆《儿童交往公约》

该公约来源于一个"学生校长"（银城小学独具特色的学生管理团队）的建议："六年级的大哥哥总是飞奔进校园，容易撞到一二年级的弟弟妹妹，我希望学校可以教育高年级的学生学会礼让低年级学生。"这个建议，给我们提出了一个问题：年龄差异这么大的孩子之间该如何交往呢？

我们展开了17场学生辩论，9场"学生校长"圆桌会议，与老师针对18个案例展开了研究，进行了1200多份家庭调查问卷……最终，一份由学生撰写、收集、修改、定稿的《儿童交往公约》（以下简称《公约》）终于出炉了。

《公约》一共10条，既关注到国际教育趋势，又凸显校本特色，顺应儿童成长需要。《公约》的基本框架，包含课堂、活动、社会三个范畴。《公约》彰显了学校"创造可能"的德育主张，改变了孩子们的行为方式、沟通方法和同学关系。

现今《公约》已成为银城小学的德育校本课程，并获南京市德育校本课程一等奖、南京市德育创新项目一等奖。

南京市银城小学《儿童交往公约》

1. 男生女生交往，知道"女生优先"。
2. 无论在校园的哪个角落，遇到小伙伴，我都会对他（她）笑一笑。
3. 给比我小的同学做出文明行为的良好榜样。
4. 放学回家时，对家人说一句"我回来了"。
5. 考虑别人的感受，管住自己的脾气。
6. 与别人谈话时，眼睛注视对方。
7. 倾听他人讲话，轮流发言。
8. 别人需要帮助时，会说"让我来"。
9. 小秘密要告诉妈妈。
10. 当老人为我服务时，我会说"谢谢"。

◆ "小小模联会"

"小小模联会",我们一起学习世界礼仪,讨论怎样打招呼,怎样送礼物……

舞台上,孩子们俨然变成了联合国不同国家的代表,他们讨论制定"世界旅游文明公约",他们商榷"小学生国际交流的礼仪",他们争辩"小学生体育锻炼项目建议"……孩子们喜欢站在舞台中间,发表自己对世界、对周围事物的看法。在情境体验中,孩子们逐渐锻炼出了自信大方、积极思辨、善于对话的交往能力。

首次"小小模联会"决议

1. 见面要微笑点头,主动问好。
2. 不在公共场合大声喧哗。
3. 出行、用餐时照顾好身边的女生。
4. 用餐时合理使用餐具,不浪费食物。
5. 送礼物的时候要尊重对方的习惯。
6. 礼物不求贵重,最好是自己制作的小礼品。

◆ "学生校长"

"学生校长"是银城小学的特色学生团队,他们是管理校园的"小校长";他们是活动策划的智囊团;他们是学校网站的代言人。"学生校长"在工作中积极与队员、老师、校长对话沟通,善于发现问题,也锻炼了自己在活动中独立解决问题的能力。

"学生校长"项目实践了 7 年,共计产生过百十余名"学生校长"。在项目实践过程中,"学生校长"们走进课堂,站在儿童的立场给教师提建议;他们与校长零距离对话,以主人公的身份给学校发展提出建设性意见;他们还用个性管理日志表达自己管理学校的自主意识……"小校长"在实践中锻炼能力,在实践中迸发智慧,他们是银城小学最亮丽的名片。

"学生校长"的创设,尊重了儿童的权利,保证了儿童的参与权、选择权、发展权,让每一个儿童都能在学校找到属于自己的位置。

第六届"学生校长"一日工作日志

校长姓名：汪楷其　班级：五（1）班　日期：2016年9月24日

作为学校校长，我在为期一周的工作中，认真巡查、参与听课、仔细记录、积极反思。为了更好地服务于学校，服务于同学，我充分发挥学生校长的作用，现将一日工作日志反馈如下。

序号	内容	时间	结果反馈	提出建议
1	一次校园巡视	2016年9月18日上午"小银河"电视台时间	巡视过程中，发现大多数班级能做到认真收看节目，但个别班级还有部分同学在看课外书。特别表扬三年级，没有一个班开展与教学有关的工作，都在非常认真地收看电视节目，另外，四、五年级各有一个班在上早自习。	希望个别老师把这个时间还给同学们，这是每周一次观看学校特色活动节目的机会。我们的电视台节目非常精彩，在此希望全体同学珍惜机会，认认真真地收看节目。
2	一天的值勤	9月19日中午打扫卫生时间	一些低年级同学还没有掌握正确的打扫卫生的方法，虽然花了20分钟，但没有收到很好的效果，其间还有拿着卫生工具互相追跑打闹的现象。四年级有两个班的同学仍在订正作业或有老师在讲课。	希望有上述情况的班级能在规定时间内将自己负责的卫生区域打扫干净，为维持良好的校园环境尽到自己应尽的职责。
3	听一节随堂课	9月19日上午三（5）班美术课	赵老师的美术课很生动！课堂上，老师恰到好处地使用教具，同学们充分发挥想象力，课堂气氛热烈，井然有序。	发现个别同学美术用品配备不齐，建议老师再次提醒学生，做好充分的课前准备。
4	为学校的建设和学生的发展提出一个金点子	9月19日下午与周老师对话	建议乒乓球非校队成员能有机会参加学校的各类乒乓球活动，有机会与校队成员一起代表学校参加乒乓球比赛，为学校争光。	选拔方式可采取二级选拔模式。先从班级选拔，所有同学均可自愿报名，比赛地点和裁判由班级自行解决，按比赛成绩从班级选拔出2~3名胜出者参与校级选拔，校级选拔由学校组织进行。非校队成员如通过选拔，要听从学校的安排，完成训练和比赛任务。

最后，我也希望同学们一起来监督"学生校长"的工作，把银城小学建设得更美好！

◆ "银铃话吧"

这是一个超越自我、孵化梦想的舞台。课前 3 分钟，孩子们走上讲台，畅所欲言。语文课上，他们即兴演讲，侃侃而谈；数学课上，他们一起探索有趣的发现；英语课上，他们大胆表达，展现自我风采。周一集体晨会，学校专门创设"开讲了"时段，让孩子们洒脱酣畅地自由表达，发表创意十足的演讲。

在"银铃话吧"，孩子们围绕"假如我是校长""我看《功夫熊猫》""我的小别离"等话题展开激烈讨论，自由地表达自己的观点，也能自如地应对其他人的不同观点，进行辩论——"银铃话吧"已成为孩子们自信表达的舞台。

"银铃话吧"实录

学生主持抛出话题：课堂应该谁做主？

生 1：老师。都是老师问，我们答。

生2：老师说得多，我们说得少。

生3：当然是我们。自习课，没有老师，我们可以自己安排学习；可是如果课堂没有我们，还是课堂吗？（鼓掌）

学生主持：我们听听周老师的意见如何？

师：当然是学生了，老师在课堂是引导者，学生才是主人。

生4：可我们感觉不明显！（部分学生点头）

师：是老师的错，没有让你们这群主人感觉到地位。你们说说，我的哪些课让你感觉自己像主人，哪些课感觉自己不像呢？

生5：做作业时，我是主人，因为我在写，您在看。（哄笑）

生6：讨论话题的时候，我们是主人，都是我们在小组中交流讨论，您不怎么说话。

生7：每次学习一篇新课文的时候，第一节课您总是带着我们学习词语、读课文，这些内容我在预习时已经掌握了，上这样的课对于我来说，不好玩，能改改吗？

师：嗯，我备课时确实更多地考虑到所有同学都要掌握的基础知识，忽略了部分学生的需要。听了你真诚的提醒，我会改进我第一课时的教学流程，尽量能满足不同层次学生的需求。

生8：语文课我们还是比较满意的，基本上我们说得多，老师说得少，对错不是很明显，这是学科特点决定的。但是数学课上，基本上都是老师出题，我们回答，然后老师判断对错，缺少探讨的过程。

生9：我感觉大部分课堂中，学生和老师是平等的，没有客人和主人的区别。

师：你们喜欢什么样的课堂呢？

生10：轻松的，像聊天一样，聊着聊着，就学会了。

生11：讨论的，像辩论会一样，老师是主持，我们打"口水仗"。（哄笑）

生12：参与的，我们一起讨论，一起完成学习任务。

生13：平等的，老师是我们当中的一员，我们也有机会当老师，上台讲课，老师也可以坐在我们的椅子上，完成我们布置的作业。（鼓掌）

师：看来，要做好一个老师还真不容易，我要继续努力！

学生主持：今天的话题到此结束，明天请下一位同学主持，大家记得准时收看。

◆ "星播客"

中央电视台电影频道有一个"电影星播客"栏目，内容是明星推荐电影，孩子们便模仿这个名称给"阅读会"起了"星播客"这个名字。全校的学生个个都是"明星"，他们自己推荐书，自己讲故事，自己策划阅读活动；他们进行跨文化的比较性阅读，感受不同国家的文学魅力；他们参与各式各样的活动，展示自己对不同文学作品的理解和感悟。

一年级有"绘本星播客"，二年级有"童话星播客"，三年级有"神话星播客"，四年级有"寓言星播客"，五年级有"小古文星播客"，六年级有"历史故事星播客"。一个年级一个主题，同学们自主讲解，并对内容的讲解、语气的表达、肢体语言的运用、现场的互动等维度的表现进行点评。不同年级，不同学生，不同形式，不同收获。经由班级推选出的优秀"星播客"还可以到年级巡讲，全校的文化展演活动也会邀请更多的"星播客"参与。孩子们讲故事、听故事、看故事，沉醉其中，乐此不疲。有孩子说，我们的"故事人物校园行"活动，还真有点迪士尼童话人物游行表演的感觉呢！

在丰富多彩的展示舞台上，在老师们不断的赞美鼓励中，孩子们阅读的兴趣逐渐浓厚起来，在阅读成长的道路上实现着提升与蜕变。

一位"星播客"的讲稿

今天我给大家讲一个寓言故事，故事的题目叫"蝉和狐狸"。（故事内容省略）

我想和同学们一起探讨 3 个问题：

1. 这则寓言里，我们看到了一只怎样的狐狸呢？
2.《伊索寓言》中关于狐狸的故事还有很多，你还读过哪些？
3. 其他文学作品中也有很多关于狐狸的故事，你看过哪些？

文学作品中的狐狸因为情节的需要，多被人们赋予反面的形象。生活中的狐狸也有可爱、漂亮、温情的一面。我给大家带来了一组图片，我们一起来欣赏一下。

◆ "叮当辩手"

在"叮当辩手"活动中，孩子们围绕一个又一个社会热点话题展开辩论。在辩论中，孩子们的创新意识得以激活，对话的能力、思辨的素养得到很好的发展。

辩论：你欢迎二胎吗？

正方观点：欢迎

他们的理由如下：

1. 两个孩子不孤单：很多独生子女家庭长大的孩子都是比较孤独的，有了二胎的陪伴，家庭多了欢声笑语，孩子更能懂得怎样与人沟通、与人分享、照顾他人的感受等。

2. 家长不容易溺爱孩子：家里面只有一个孩子的话，很容易形成对孩子的溺爱。家长常常舍不得打舍不得骂，孩子要什么就给什么，这样的孩子一般比较任性、骄纵。因此，还是生两个比较好。

3. 缓解儿童成才的压力：现在家家户户都只有一个孩子，每一个父母都认为自己的孩子是"天才"，过分的关注和期待让儿童不堪重负。如果二胎出现，父母的精力分散，给孩子自由成长的空间变大，可以缓解儿童成才的压力。

4. 减轻养老负担：中国已经进入老龄化社会，一个孩子现在享受的是"非常6+1"的生活，日后就得承担"1+6"的责任。如果多一个孩子，日后赡养老人的压力就能得到缓解。

反方观点：不欢迎

他们陈述的理由如下：

1. 我一点也不孤单：平日里，上学有同学相伴；周末假期，有父母、亲人相陪，没有孤单的感觉，不需要二胎的陪伴。二胎与我的年龄相差太多，即使有了他，我们之间也会存在代沟。

2. "关爱他人，分享快乐"我们本来就知道：与人友善沟通，换位思考，学会请教，主动分享……这些都是美德，我们在书本和实践中本身就已经知晓，并在生活中践行，不需要一个二胎来指导。

3. "天天向上"是良训：父母期待孩子成才无可厚非，生一个孩子希望他成才，生第二个依然如此。即使生了二胎分散了精力，但他们依然望子成龙，对子女们的期望值仍然很高，不可能生了老二，就不管老大的学习了。

4. 百善孝为先：孝顺老人是我们应尽的义务，不应该指望二胎的出生来分担。如果大家都抱着这样的想法让父母生二胎，那父母老了，就可能出现"两个和尚没水喝"的局面，反而不利于父母养老。

5. 现今生活压力太大：社会经济飞速发展导致生活节奏加快、工作压力加大，父母养家糊口、养儿育女的压力已经很大了。如果再添加一个孩子，会增加家庭负担和父母压力，也不利于父母自己的身体健康。

◆ "我的中国年"

年，一直是中国人心中最重要的传统佳节。年，是红红火火的，是甘醇浓厚的，是美味可口的年夜饭，是琳琅满目的年货，是色彩斑斓的烟火，是崭新漂亮的衣服，是亲朋好友的快乐聚首……年，让人随手都能触摸到欢乐和温情。

银城小学各个年级的孩子们围绕"我的中国年"这个主题开展了各式各样的活动。一年级举办了"饺子节",同学们一起包饺子,享受着动手的乐趣。二年级举办了"灯笼节",想、做、编,创意无限。三年级举办了"腊八节",贴灶神,捡豆子,煮粥分粥,其乐融融。四年级举办了"春联节",对对子,飞花令,写春联,浸润墨香。五年级共度"守岁日",你来谈,我来说,点点生活趣味多。六年级则举办了"理财节",大家争当精算师、巧算师、投资人,互相切磋,共同学习理财小窍门。

　　年,是一个新的台阶,孩子们告别从前,踏上新的征程。年,是一个新的章节,高低错落,孩子们谱写新乐曲。年,是一把新的钥匙,多彩未来,孩子们打开新梦想。

一年级过新年的教案

课时内容：快乐绘新年

课时目标：

1. 了解中国年的来历，知道新年是中国的传统节日之一。

2. 通过视频了解"年"的传说，并能够通过想象和创造，运用点、线、色块，画一个心中的年兽模样，能大胆地进行创作绘画。

3. 了解过年的一些习俗，充分运用各种感官感受过年热闹、喜庆的气氛。

教学准备：

1. 教师：绘本PPT，影片《年的故事》，歌曲视频《新年到，恭喜发财》。

2. 学生：砂纸，油画棒。

教学过程：

1. 导入

（1）师：（播放春晚倒计时视频）同学们，新的一年到来啦！此刻，你的心情如何？随着新年的到来，大街小巷都传来了欢乐的新年歌曲，下面，让我们一起来欣赏一下吧！

（2）师：（播放郑冰冰演唱的歌曲视频《新年到，恭喜发财》）快过年的时候，超市里、商场里、电视里，到处都能听到关于新年的歌曲，到处都洋溢着过年的欢乐气氛。

2. 聊一聊中国的年

（1）师：过新年的时候，你会做些什么呢？

生：贴对联，贴窗花，穿新衣，吃团圆饭，放鞭炮，邻里亲友互相拜年，长辈给晚辈压岁钱……

3. 观看影片《年的故事》

（1）师：过年的时候，你高兴吗？可是，很久很久以前，人们可不喜欢过年，每年的这个时候，是人们最痛苦、最害怕的日子。这到底是为什么呢？

请看视频。

（给学生播放视频前半部分，了解人们害怕的原因）

（2）师：原来人们是怕"年"这个怪兽。你们有什么好办法来对付它？

（请学生讨论，发表意见与想法）

（3）师：大家想的办法都不错，但最后到底是谁的好办法战胜了"年"呢？我们一起来继续看下去，看看是谁帮助了这些人？

（白胡子老爷爷）

（4）师：白胡子老爷爷是用什么办法对付"年"这个怪兽的呢？为什么他用这些办法？

（5）师小结：因为怪兽"年"最害怕红色、灯光、响声，所以白胡子老爷爷用穿红衣服、贴红对联、放爆竹、点灯的方法来对付它。从此以后，每年过年的时候，人们都会穿红衣，贴对联，挂红福，放爆竹，亮红灯，一家人团聚在一起守岁。过年的风俗就由此而来。

4. 画年兽

（1）师：刚才我们看了关于"年"的故事，你觉得里面的年兽是什么样的啊？请把你心中的年兽画下来。

（创作要求：用规定色中的一种彩色油画棒在砂纸上描画一个想象中的年兽模样；用其他规定色在周围涂抹火光、点、线、色块）

（3）师：每个人都已经把自己心中年兽的样子画了下来，现在把你的画贴在教室走廊的墙上，进行展览吧！

5. 作业

（1）师：请大家回家后将"年"的故事讲给家人听。

（2）师：请大家前往美工区制作对联或鞭炮，下周带来装扮教室。

◆ "六年季"

六年的小学生活，六年的交往体验，六年的实践活动，银城小学按"时间轴"来规划小学生的发展轨迹，体现了对生命成长的关爱和指引，为孩子们的快乐成长创造了更多的可能。

我们为 6 个年龄段的孩子设计了六个系列活动：

7 岁，"开心玩、努力学"，爱上学校。孩子在玩中学习，收获快乐，播下梦想的种子，期待无限的可能。

8 岁，"我是快乐主播"，爱上阅读。孩子在书中结交朋友，收获友谊，寻找无限的可能。

9 岁，"我是快乐小兵"，爱上运动。孩子在军营流汗历练，增强毅力，磨练意志，奠定无限的可能。

10 岁，"芽芽乐成长节"，爱上种植。孩子在种植中体验成长，懂得珍惜，创造无限的可能。

11 岁，"社会大课堂"，爱上交往。孩子在实践中交流沟通，增长智慧，延伸无限的可能。

12 岁，"致童年我们一起飞"，爱上未来。孩子在毕业季畅想未来，拥抱明天，追寻无限的可能。

每一个活动都经过了精心设计，在生命体验和精神发展之路上，无不蕴含着学生成长的多种可能。

一次毕业典礼活动流程

1. 暖场：签名墙签名，拉歌

2. 序：播放开场歌《校园的早晨》《银铃叮当》

3. 第一篇章：成长篇

（1）诗歌讲述《我们的这六年》

（2）情景剧《同桌的你》

（3）图说《幸福回忆》

（4）合唱《青春纪念册》

（5）同学毕业赠言

4. 第二篇章：师恩篇

（1）情景剧《老师不在的时候》

（2）朗诵《童年的歌》

（3）互动（教师采访）

（4）校长致辞

（5）发放毕业证书

5. 第三篇章：家庭篇

（1）歌舞《爸爸去哪儿》

（2）快板歌舞《唐诗宋词》

（3）合唱《听妈妈的话》

（4）家长赠礼

6. 第四篇章：狂欢篇

（1）球操《lalalala》

（2）全场舞蹈互动《兔子舞》

◆ "校看天下"

我们把世界带进校园，让银城小学流动着世界文化。校门口有一组"国际理解教育"的专栏，主要介绍各国节日和礼仪。大厅里有一面"世界墙"，展示世界各国名胜。社团里，你可以看到许多外国朋友的身影。校园里，还有"成就英伦""美丽的法兰西""走进哈佛园"等国际体验活动。活动"从中国出发"带着学生走向世界,感受异域文化的璀璨,学会尊重差异,尊重风俗人情。同时,每年的寒暑假,学校还组织学生参与"行在地球村"游学实践活动,亲身经历一段难忘的境外生活,培养孩子们的国际眼光和世界情怀。

> "成长之旅"日记
>
> "六个一"让小花朵学会成长
>
> 从欧洲之旅回国后,"银铃合唱团"的孩子选择用6个"一"回顾总结了此行的感受:拍摄一张美景照片,结交一个外国新朋友,记录一个旅行中的感动故事,给爸妈准备一个小小的礼物,认识一位音乐大师,写一篇旅行博客。

而带队的老师们也在细微之处见证着孩子们的变化和成长。每个老师和记者对孩子们的变化和成长都历历在目。乔美淇像个大姐姐,小组老师会放心地把伙伴交给她,老师的一句"交给你,老师最放心"可以让她自豪老半天。夏珺是个"爱心天使",小同伴沙茗沁每次一上车就睡在了她的腿上,一睡就是几个小时,而夏珺总是默默地照顾她。而小伙子朱天倚则在欧洲学会了系鞋带,还与国际航班上的空乘哥哥成了好朋友。

行程中收获的国际友谊也让孩子们难以忘怀。在市政大厅的颁奖晚宴上,"小叮当"们个个高举着酒杯与非洲、欧洲等各个国家的青少年朋友沟通交流着彼此对艺术的喜爱,他们还互相交换电子邮箱的地址,国际友情的情感之花在孩子们的心中发芽。

半个月的行程让"小叮当们"分外思念自己的家人,看着行李箱上的中国结,他们感觉到自己和妈妈的距离一下子贴得好近。郑姿仪不好意思地告诉记者,自己在欧洲时,每天晚上都要悄悄地哭上十分钟,因为她太想妈妈了。

这群被捧在手心的"小花朵"在欧洲游学路上学会了互助和独立,"在国外,我们比赛和演出时从来都不穿袜子,所以每次穿红皮鞋时脚都很疼,以至于我的胖脚丫都磨破了。"在接受记者采访时,卫星辰忍不住向记者"诉苦","但我们都坚强地忍了下来,为了我们的演出成功,我一直都强忍着双脚的疼痛,露出灿烂的笑容。这小小的痛苦也让我的意志力变得更加坚强了!"

◆ "银杏树"

银城小学有一个公益讲坛,名叫"银杏树"。讲坛会面向家长开放:学校针对家长感兴趣的项目,邀请专家为家长宣讲,答疑解惑或指导实践。讲坛也会面向学生开放:讲演人就是一个又一个普通而又不普通的孩子,可以是在校的学生,自主申报,由级部推荐;也可以是已经毕业的学生,返回母校与学弟学妹们畅谈成长的历程、分享母校的故事。至今"银杏树"讲坛已经举办主题为"雾霾知多少""跟我逛南京""非常不一班""我是昆虫小使者"等多场宣讲。从制作宣传海报，到组织亲友团，再到会场布置，事无巨细，讲演者必须自己策划，学生学会了管理；从在本班的上台演说，到级部巡回演说，再到最后的登台演讲，学生学会了表达；从文稿的撰写，到策划方案的落实，再到最后的总结反馈，学生学会了组织、协调与反思。一次次演讲，一场场展示，孩子们身在其中，逐渐学会合作、担当、包容、沟通、管理，他们的各项能力与素养也在不知不觉中得到了培养与增强。

银城小学"银杏树"公益讲坛点课单

尊敬的家长朋友们：

2013年即将过去，崭新的2014年来啦！在这辞旧迎新的时刻，我们给大家送来一份新年礼物——银城小学"银杏树"公益讲坛再次开讲了！

本周六上午九点半，在银城小学北校区（南京市鼓楼区闽江路28号），我们为您准备了丰厚的"营养大餐"，内容涵盖了儿童艺术气质培养、习作妙招、思维训练、心灵鸡汤等。期待您的参与！

序号	主讲人	适合年级	讲座主题	讲课地点
1	陶勑恒 南京市中小学生心理援助中心"陶老师"工作站创办人	全校	心理健康	一楼三（4）班
2	柴耘 江苏省教育学院附属高级中学书记	毕业班	中小衔接	二楼艺术室
3	江和平 江苏省小学语文特级教师	中高年级	习作指导	三楼辅楼音乐室
4	张成军 江苏省摄影学会会长	低年级	教您摄影	二楼三（10）班

续表

序号	主讲人	适合年级	讲座主题	讲课地点
5	刘燕芳 "燕无风雨家庭教育俱乐部"创办人	中年级	家庭教育	二楼三（7）班
6	葛文君 江苏省小学数学特级教师	高年级	数学思维	一楼报告厅
7	俞雷 南京艺术学院美术馆公共教育特约授课老师	低年级	艺术培养	四楼美术室

后　记

　　转眼又是春暖花开，至此，这本《对话者：小学对话教学实践建构》的撰写也接近尾声。回眸十五年对话教学的探索之路，其中有彷徨、有艰辛、有喜悦、有收获，但更多的是感恩。

　　遥想建校初，专家和老师们选"对话"作为课题开展教学研究的那一刻，面对这全新的未知旅程，我们就像面对着一个刚落地的娃娃，从头到脚都是新鲜而脆弱的，那份忐忑，那份重视，如此鲜活地铭刻在十五年来的每一天里。

　　渐渐地，我们看着"对话"在银城小学扎根、生长，像雨后鲜亮翠绿的春笋一样渐次拔节，舒展开每一片枝叶，那份惊喜，那份期待，点亮了银城小学最绚烂的天空。

　　从最初略带迷茫的探索到越发坚定的信念，从懵懵懂懂到越发清晰执着，我们也在对话教学的路途中成长着、思考着、实践着，渐渐走向自信和成熟。

　　感谢这一路上给予我们热忱关怀和无私帮助的专家、领导和老师们。

　　首先，我们要感谢的是国家督学成尚荣先生。他独特的人格魅力、儒雅的情怀、风趣的谈吐、丰富的学识、惊人的记忆力一次又一次地令我们深感震撼。每一次与成先生的对话都是一次精神引领，都是一场思想的盛宴。成先生对教育的深度理解，对课堂本质的精辟论述以及对学校建设的真知灼见，一直指引着我们前行。

江苏省教科所的彭钢先生，一直用严谨而又亲切的方式，给予我们理论和方法的指导。每一次的研究，他都爱与我们开展思辨式对话，促进我们反思；每一次的研讨，他都爱和学生对话，鼓励学生表达。他将理论化作关怀，将智慧化作激情，点点滴滴如同春风化雨般滋润我们的心田。

江苏省教研室董洪亮副主任，以其深厚的学养、深邃的洞察力、深刻的表达，让我们敬畏且叹服。每次与他对话，都是在听一场承载着教育精神的报告，都是一次智慧的修行。董主任将热忱的关切融入一次次的指导中，帮助我们在对话教学之路上不断前行。

还有亲爱的张晓东博士，总是能及时发现我们思维中的漏洞，用锐利的眼光和精辟的见解将我们拉回实践的正轨。张博士用幽默和温暖化解着我们在对话教学中的种种困惑，让我们前进得更加坚定和自信。

还有经常来我校指导的专家也在此一并表达感谢，感谢各位专家用深厚的学术修养和睿智深邃的理论眼光帮助我们规划和完善对话教学之路的壮丽蓝图。感谢你们深切的关怀、及时的指点，为我们点破迷津、拨开云雾，让我们清晰地看见了对话教学美好的前景。

其次，我们要感谢拉萨路小学教育集团智慧优雅的周荣华董事长，一直温暖地守护着我们，与我们一起对话，引领我们一同前行。周先生是银城小学的

后 记

建设者、设计师、领军人,是银城小学的大家长,是我们身边最真的大儿童。

再次,我们要感谢银城小学历任领导,更要感谢十五年来一路风雨同舟的老师们。身处这所超大规模的航母式学校,你们肩上的担子是沉重的,但你们坚守教育的初心,坚定教育的梦想,尊重儿童、呵护儿童、发展儿童,在与儿童的不断对话中,勤勤恳恳、无私奉献、锐意进取、勇于创新。衷心感谢你们!

最后,我们要感谢所有关心和支持银城小学发展的社会人士,感谢你们对教育的热忱,感谢你们对教师的尊重,感谢你们对儿童的保护,感谢你们一路对银城小学的关心和支持。

阳春三月,天地清和;春风十里,始终有你。感谢一路上所有美好的相遇,因为你们的支持,我们在"对话教学"的路途上定会更加自信和从容。红日初升,其道大光;河出伏流,一泻汪洋;纵有千古,横有八荒;前途似海,来日方长。我们相信,"对话教学"定将指引我们走向更加美好的明天。

银城小学校长　张燕